新世紀叢書

當代重要思潮・人文心靈・宗教・社會文化關懷

浪漫地理學

探尋崇高卓越的景觀

段義孚—著　趙世玲—譯

Yi-Fu Tuan

Romantic Geography

In Search of the Sublime Landscape

浪漫地理學——

一種既大膽想像，卻又基於現實的學問

浪漫地理學（原書名：浪漫主義地理學）

【目錄】本書總頁數240頁

致謝

自從一九九八年退休以來，我寫作和出版了八部著作。如果沒有系裡同事的支持，我不可能成就如此之多。他們給了我一間陽光充足的辦公室，讓我工作——或者是否應該說讓我玩耍？——因為我感到其樂無窮！我想感謝最近以來為我出書的出版社：明尼蘇達大學出版社（University of Minnesota Press），威斯康辛大學出版社（the University of Wisconsin Press），以及新成立的喬治·湯普森出版社（George F. Thompson Press）。它們一如既往，對我給予支持。在為此書工作的編輯中，我要感謝拉斐爾·卡都西、亞當·梅林、芭芭拉·隆德，和馬修·考斯比。我特別要感謝的是拉斐爾·卡都西。在接到書稿不到一週之內，他將《浪漫主義地理學》列入出版計畫。這極大鼓舞了作者的士氣！

退休意味著減少活動——退出生活。感謝生氣勃勃的年輕人的友誼，在過去的十四年中，我的現狀並非如此。這樣的年輕人很多，包括尼克．鮑赫、張楚浩（音譯）、常超一、志承，理查．多諾修、安德魯．格蘭特、丹尼爾．格雷奇、黃宏年（音譯）、安德魯．克恩、班傑明．克恩、南森．拉森、馬賽厄斯．勒波西、加斯丁．倫茨、麥特．萊希、克瑞斯．萊姆貝格、梅拉尼．麥考芒特、凱文．麥克唐納、安德魯．米勒、凱勒．米爾斯、尼克．墨菲、加勒特．尼爾森、林迪．納爾遜、麥特．歐布萊恩、凱勒．普瑞斯登、皮特．普羅哈斯卡、傑姆爾．瑞普雷、潔西嘉．薩克、格里格．舒瓦茨、本．斯拜爾、加斯丁．斯道科、肖恩．湯普森、加姆．范．登．霍克、王旭正（音譯）、凱文．沃克、大衛．瓦斯科斯基、皮特．威塞爾斯、康拉德．威爾斯、朱家榮、左一歐。

只要年輕人對我發生興趣，對我就是一種鼓舞，使我感到自己可以超越時間的鴻溝。但是在此我需要提到一個研究生——加勒特．尼爾森——他也為我提供了特別的幫助。他為我找到自然環境章節中的插圖（一些風格固定的宣示），並得到版權所有者的允許，在我的書中使用。

至於創作上的靈感，我從安伯托・艾可著《醜的歷史》（Umberto Eco, ed., *On Ugliness* [Rizzoli, 2007]）一書中受益匪淺。閱讀文本並翻閱引人注目的插圖，我想我也要寫一本書討論醜陋和厭惡。但是卻少有進展。這有悖我的天性。我生來不喜歡關注生活的陰暗面。所以，為什麼不用我的下一本書來討論浪漫主義地理學呢？雖然這個主題是關於對明亮的熱忱，卻也不乏陰暗的深淵。

序曲

將「浪漫」和「地理學」相提並論似乎用詞矛盾，因為在如今的世界上很少有人認為地理學是浪漫的。腳踏實地、講述常識、地理學為生存所必需。是的——但是有何浪漫可言？不過在一個時代，在不太久遠的過去，當地理學還頗具魅力時，人們認為這門學問是浪漫主義的。那是一個英雄探險的時代。在那個時代，探險者以地理學家而為人所知，他們擅長勘測與繪圖。當他們的冒險見諸於報端，人們爭相效仿，交口稱頌。同伊莉莎白一世（Elizabeth I）和甘地（Gandhi）一樣，有關大衛．李文斯頓（David Livingstone）和歐尼斯特．薛克頓（Ernest Shackleton）的影片同樣能轟動一時。他們的共同點在於都發軔並參與了偉大的事件。

但是，這些真是地理事件嗎？有關大衛·李文斯頓在非洲探險的敘事難道不是歷史，而非地理嗎？雖然這兩門學問千差萬別，但是在院校中歷史和地理卻往往列在一起，同時講授。歷史和地理差別何在呢？歷史學講述娓娓動聽的故事，地理學不講故事。美國內戰的歷史充斥著著名人物和戲劇性事件，騎士風度屢見不鮮，這正是浪漫傳奇的核心所在。與此相反，美國內戰地理學可能傳授知識，很有用途，但是並不激動人心。歷史書當然也可能枯燥無味。但是起碼能將它們稱之為「浪漫」，因為歷史是附加之物，是錦上添花，與文明的存在和延續並非休戚相關。拿印度來說，印度是一個由精采的神話和傳說傳承的偉大文明。它們同歐洲和中國所知的歷史並不相同。在另一方面，為了延續，所有社會——不論原始社會還是高度發達的社會——都必須有關於地形地貌的或多或少系統性知識。歷史中也有歷史傳奇，這是沃爾特·史考特爵士（Sir Walter Scott）所開創的流派。但是，對於是否存在地理傳奇這個問題，除了有關地理大發現的故事，大多數人都無以作答。這樣看來，有關「浪漫主義地理學」的想法——一種既大膽想像，卻又基於現實的學問——似乎自相矛盾。但是，浪漫主義地理學能夠存在嗎？我們是否能夠據理力爭，說既然人類生活實際上在很大程度上由激情所驅動——由一種知其不能為而為的欲望所驅動，①所以我們需要浪漫主義地理學嗎？

我對這兩個問題的答覆是肯定的。在本書中我會闡述我的理由。但是在此之前，我需要解釋幾個基本概念。第一，先解釋「浪漫主義的」或是「浪漫主義」這個詞。這個詞指一套並無嚴格界定的思想或是價值觀，興起於一七八〇年至一八四八年的歐洲。因為這些思想或是價值觀本身模糊不明，常常彼此矛盾，精確的日期會使人誤入歧途。休姆（T. E. Hulme）認為浪漫主義在本質上超越日常，信奉人類可以達到盡善盡美。雅克・巴贊（Jacques Barzun）談論浪漫主義藝術家的性情，他概括的特點是：「崇拜精力、道德熱情和卓絕的天賦，認可人性中偉大相對於卑鄙，權力相對於苦難的明顯差異。」浪漫主義與有關卓越崇高以及神祕怪誕的思想重疊交錯，卓越怪誕又和西方想像中一種稱之為頹廢的形式（decadent, 1880-1900）彼此呼應。所有這四種特徵——浪漫、卓越、怪誕和頹廢——都是對生活之規範，對穩定之理想的反叛。②

然而，地理學的大要是關於生活之規範。當地理學家注意到變化，他們將變化歸之為宇宙間的力量所為。哪怕是暗示說超越日常的渴望或達到人類完善的誘惑可以發揮作用，也會使著作喪失學術嚴肅性，被歸之於傳奇一類。地理學寫作當然可以展示「道德熱情」，巴贊認為這是浪漫主義的一個特性。但是這種熱情——這種熱烈——往往是譴責，而非推崇，是對資本主義的犀利批判，而非對社會主義的熱烈頌揚。最後，巴贊所謂的浪漫氣質是在偉大和卑鄙，權力與苦痛之間的掙扎。當代地理學家的著作很少表現出這種浪漫式苦苦掙扎的痕跡。

不僅是由於地理學科的盲點，才造成了地理學家的想像和工作中所缺失之物。這反映了二十世紀後半葉的一種反浪漫主義情緒。其證據是，像環境論（environmentalism）、生態學、可持續性（sustainability）和生存這類保守務實的概念不僅在學術界，而且在整個社會都極為流行。雖然提出的問題和使用的詞彙各不相同，可是既然都力圖使地球成為一個穩定的、可居住的家，他們的研究都可被歸類為「家政學」（home economics）。雖然家政學對於人類的安居樂業既用處多多，又不可或缺，但是這類研究無法使人激情澎湃，精神振奮：這不是浪漫主義式的學問。

在感情、想像和思維中，浪漫主義傾向於極致。它追求的不是賞心悅目或者古典式的美輪美奐，而是卓越崇高以及混合其中的令人迷醉和令人膽寒，是高度和深度。但是，將相反的觀念推向極致是發達社會或是發達文明所特有的奢侈之物。在發達社會中，高度經濟安全感使大家看重個人，即便此人離經叛道，與眾不同。世界上存在很多文明。阿諾德·湯恩比（Arnold J. Toynbee）認為有十幾種到二十種文明。但是只有在西方文明中，發展了一種可被稱為浪漫主義的，有關世界的思維和感覺方式。③因此這本書中講述的主要是西方世界。不僅如此，書中談到的多是二十世紀以前的一百年左右。因為自從一九〇〇年，有關高尚傳奇的理念已日益被關於民主及普通民眾的理念所取代。但是在通俗文化中，浪漫主義仍然佔有一席之地。在轟動一時的電影中，騎士身著閃閃發亮的盔甲，或勇救美女，或尋找耶穌基督最後晚餐時所用的聖杯（Holy Grail）。嚴肅文化認為這種傳奇淺薄幼稚。但這類傳奇潛移默化地持續影響著甚至那些高雅世故之輩，影響他們對自然、環境、社會及政治的想法和感覺。他們無法不受影響。因為在浪漫主義中，實際上在所有人類的欲望、誘惑和渴望中，都潛伏著兩極化的價值觀念。至少在想像中，這些觀念的存在引誘人們超越常規走向極致。

第一章

兩極化的價值觀念

Polarized Values

什麼是兩極化的價值觀念？這裡指的是黑暗和光明，混亂和秩序，肉體和靈魂，物質和精神，自然和文化等等。每種文化都有自己的一套兩極化價值觀念，與其他文化略有不同。但所有文化有一種親緣共性——對這些觀念進行類似的歸納，認為一極包括「負面因素」：黑暗、無序、身體、物質和自然；另一極包含「正面因素」：光明、秩序、靈魂、精神和文化。（正面與負面之所以要加引號，是為了提醒讀者，正反兩極是可以互換的）。由於以下原因，浪漫主義地理學基於這些二元概念之上：因為這些概念著眼於極端之物，而非中庸之道；因為這些概念不僅影響我們日常生活中對物對人的感覺和判斷，而且——對於浪漫主義地理學來說更為重要的是——也影響我們對巨大的、挑戰性環境的想像和體驗，其中包括行星地球，地球上的山巒海洋、熱帶雨林、沙漠冰原等各類自然環境，以及自然的人類對應物——挑戰性城市。使這些環境具有浪漫主義情調的是勇於冒險的人們。除了冒險，他們探尋著無法言說的神祕之物。為神祕之物的冒險可以稱為探求，而探求——就像探求耶穌最後晚餐時所用的聖杯——正是傳奇的核心所在。但是首先我們應該解釋二元觀念。這些觀念不僅界定人類尋常生活中可以接受的底線，即地理學的主題，還暗示能夠超越尋常的可能性，這是浪漫主義地理學的主題。

黑暗與光明

「起初神創造天地，地是空虛混沌，淵面黑暗；神的靈運行在水面上。神說：要有光，就有了光。神看光是好的，就把光暗分開了。」

這些耳熟能詳的詞句是〈創世記〉（Genesis）的開篇之語。〈約翰福音〉（Saint John）第一章又對此加以補充：「太初有道，道與神同在，道就是神」。「生命在他裡頭（在道裡頭），這生命就是人的光。光照在黑暗裡，黑暗卻不接受光。神差來一個人為光做見證。叫眾人因他可以信。他不是那光，乃是要為光做見證。那光是真光，照亮一切生在地上的人」（約翰福音 1:1, 4-6, 8-9）。❶

❶譯註：書中有關《聖經》引文的翻譯引自「聖經中文線上」。

神即是光，或者換種說法，光即是神。在人類社會中，光是智慧的啟示，是精神的啟蒙。與其他宗教相比，例如佛教、基督教文學、藝術和建築賦予光各種各樣象徵性含義。當但丁（Dante）走出了那重天中最大的天體，一個水晶的球體之後，書中說他進入了一個天堂，「那裡是純粹的光明，是心智之光，洋溢著愛；是對真善之愛，充滿歡快」（天堂篇 XXX.38）。在藝術品中，聖人的標誌是光環。然而，正是在建築領域內——在哥德式大教堂中——光作為物質存在和象徵，達到輝煌和比喻性力量的巔峰。十二世紀哥德風格與眾不同之處並非扇形交叉的穹窿、尖聳的拱門，或是飛揚的扶垛，而是光。正如奧托．馮．希姆森（Otto von Simson）所說，「哥德式牆壁似乎是可穿透的；光濾過牆壁，滲透牆壁，和牆壁融為一體，使牆壁變形。哥德式可被稱之為透明精妙的建築，稱之為連綿不斷的光體。」①

人們公認，聖鄧尼斯（Saint-Denis）教堂的住持蘇格（Suger, 1081?-1151）是哥德式教堂的創始人。蘇格說他在教堂中看到自己「身居世間某個奇異之地，既不完全置身於地上的泥濘，又不完全存在於天上的聖潔；由於神的恩惠，我能夠以一種比擬的方式由此世的卑微轉入較高尚的彼岸。」換言之，由於蘇格的教堂並不能免除「地上的泥濘」，這充其量是對天堂的淺嘗輒止。②

黑暗和死亡充斥著神的殿堂。字面的黑暗存在於黴臭四散、洞窟密布的教堂地下室；象徵性的黑暗存在於鬼魅幢幢、奇形怪狀的雕像中。至於死亡、冷冰冰、直挺挺的石像穩立教堂，似乎是對復活之念的嘲諷。雖然蘇格信奉光明和光明的象徵，但他有關大教堂的理念並不排斥黑暗。蘇格的同時代人克雷爾沃的貝爾納（Bernard of Clairvaux, 1090-1153）卻不像他那樣包容。針對一個修道院裡的裝飾，他憤慨地評論道：「再說在修道院中，在靜心攻讀的修士們眼前，為什麼有這些滑稽可笑的怪異？有如此驚人扭曲的造型和造型的扭曲？有那些不潔的猴子？有那些兇惡的獅子？有那些怪異的肯陶洛斯（centaurs）？❷有那些半人半獸的東西？」③

人類本質上是視覺動物，基於這個顯而易見的理由，人類喜愛光明，厭

❷譯註：肯陶洛斯是希臘神話中的半人半馬怪。

惡黑暗。在目力不及的黑暗中，我們東西不辨，迷失方向。當輪廓清晰的外部現實不再指引和約束我們，我們陷入瘋狂的想像之中，幻想出鬼怪對自己窮追不捨。注意到一種不對稱的現象了嗎？我們夜晚做噩夢，而白日夢卻總是愉悅怡人。噩夢嚇得人大汗淋漓，白日夢則讓人發笑。當我們從令人煩擾的睡眠中醒來，看到窗外明朗的天空，樹木蔥蘢，鳥兒啼鳴，這是一種死後復甦的感覺，一種習以為常，但卻備感欣慰的體驗。

因此易於理解，世界上所有的人都將暗與光、黑與白視為對立物。即使黑皮膚的非洲人也喜愛光和白，厭惡暗與黑。西非班巴拉人（Bambara）部落認為白色是王者之色，代表智慧和純潔的精神。而暗色調的靛藍卻同悲哀和不潔相連。奈及利亞的努佩（Nupe）部族則認為黑象徵巫術、邪惡和嚇人的景象。對於馬達加斯加的馬拉加斯人（Malagasy），「黑」意味著低劣、邪惡、可疑和令人不快；「白」代表截然相反的價值觀念，即光明、希望、喜樂和純潔。④

但是光和白也有負面含義。在中國，雖然白與陽為伍（光，日，陽），代表積極向上，令人嚮往，但白是血色已退，生命已逝的屍骸的顏色，意指死亡。在西方，雖然白色有多種褒義，卻也有貶義。在《聖經》中，〈馬太福音〉（Saint Matthew 23:27）將假冒為善的人稱為「刷白的墳墓」（Whited sepulchres），外表美麗，內裡卻滿是人骨和穢物。在《黑暗之心》（*Heart of Darkness*）一書中，約瑟夫．康拉德（Joseph Conrad）使用以白色為善、黑色為惡的慣用對比，但是在他提到庫爾茨小屋周圍變白的頭骨、庫爾茨發光的禿頂、引起歐洲人貪欲的象牙，和「刷白的墳墓」般的城市時，他也用白色指腐敗與死亡。城市是公司總部的所在地。[5]白是光明，耀眼奪目。但是過長時間地暴露於強光之下無異於受刑。被迫的不眠導致死亡。當白色用於投降的白旗，意味著無力、軟弱和膽怯。在思想上，白意指膚淺，浮在表層，沒有深度。而黑或是暗卻代表多產、力量、撫育、胚芽和母性。暗紅色代表血力旺盛，蒼白卻說明貧血。黑土地是沃土，淡白色的田土卻是貧瘠的徵兆。植物可以生長是因為它根鬚入土，不見天日。黑暗有利於人類的性活動，正如有利於使人養精蓄銳的睡眠。我們之所以對家戀戀不捨，因為只有在家我們才能每夜有幾小時忘卻一切，沉睡不醒。

混亂與形式

〈創世記〉的頭幾句說神是個工匠。祂做的是所有人類工匠做的事情——在混沌無序中創造秩序和清明。「地混沌無形」，透過一連串威力無窮的舉動，神建立了形式。祂將堅實之地同水分開，把水聚在一起，使陸地露出水面（創世記 1:9-10）。當然人類工匠不可能如此大規模地創建秩序。但是以天為藍圖，他們力圖做同樣的事。在繁星的運行中他們發現了可預見性——一種井然有序——在地球的外觀和率性而為中這卻無法見到。所以他們的任務是將這種井然有序再現於地上。這便是宇宙形式的城市。城牆和重要的建築物按照基本方位排列——按照太陽運行的關鍵位置；遠勝於群星，太陽是最重要的星球。

仰望星空，古代天文學家發現群星環繞一個穩立不動的天體運行——這是北極星。而近在咫尺，他們看到太陽由東方升起，西邊落下，顯然是繞地球循環運行。實際上，在古人的眼中，圓形或是循環運動幾乎無處不在。存在於季節有條不紊的變換中，存在於候鳥遷徙的路線，存在於生物的生命週期中。不過，要建造巨大的圓形城牆環繞整個城市，對古人來說絕非易事。所以他們用正方形或是矩形取而代之。將天上的秩序再現於地上，建造起幾何圖形的宇宙城市。這需要平山填谷，使河流改道，將村莊夷為平地——換言之，需要征服地球。

當宏偉城市誕生時，它是舉行宇宙儀式的中心。城市的主要居民有身兼僧侶的君王、主持宗教儀式的官員和社會顯貴。他們舉行儀式，相信儀式對於秩序和生活必不可缺。但是他們自身的存在和安樂卻依賴各種物品和服務。為此人們從鄉村、從四面八方湧入城市。雖然他們對於統治者和權貴必不可缺，但是這些平民百姓背景各異，要麼經商，要麼做工，卻不務農。因此這些人不是宇宙藍圖中的基本部分，他們被視為對社會秩序的潛在威脅。一個龐大的官僚集團於是誕生了，用於監控這些各不相同的平民百姓，以保證社會像星球一樣，有條不紊、井然有序地運行。基本的原則是和諧。⑥

文明化便是從混沌無形到清晰有形，從混亂到和諧。有人會質疑這是人類行進的正確方向嗎？會質疑這代表進步嗎？但是我們的確有理由懷疑。神於混亂中造出秩序。但是神是個偉大的藝術家，具有浪漫主義者的氣質。祂會發現「秩序」太可預見，有點索然無味。所以祂在萬物之外造了人——人與其他所有受造之物不同，有能力自由自主。這意味著，人有能力做出選擇，選擇便使無序成為可能。人也是藝術家，人尋求在混亂中造出秩序，從不和諧中造出和諧。人類驚歎於群星井然有序地圍繞一動不動的北極星運行，所以人希望建立一個社會，其中諸侯和百姓臣服於穩然不動的君王，並繞他而行。如果人類能夠達到這個目的，那麼便會有秩序與和諧，但是獨裁統治也誕生了。美好的社會不可能完全和諧，它需要些許混亂。新思想產生於緊張和衝突之中。換言之，美好的社會就像美好的藝術，必須包含不和諧。當人類認同不和諧與開放，美好社會便成為浪漫主義的，而非古典主義的。

低與高

可以認為文化有「低」、「高」之分。「低」是身體與地，「高」是靈魂與天。「低」與大眾相連，「高」同名流權貴相伴。「低」、「高」之分由名流權貴所創，為平民百姓認可。權貴認為自己是半神半人，他們的住所在城市中心，在觀念上，這也是至高之點。由市中心，城市「向下」傾斜延伸，先達到中等階級居住區，然後到城市邊緣，那裡擁擠著窮人和名聲不好的人。如果沒有數千年之久，也有數百年之久，這是大都市的建築與社會格局。百姓的居所是由低向高進化。最早人們住在半地下，好像是不願離開大地母親的庇護。然後，人們搬到地上，其中較重要的人物住在墊高的台地上。宗教及其建築先是依傍於洞穴山巒之靈，水潭溪流之精，然後崇拜高聳的天穹和天上諸神。宗教儀式先是在戶外舉行，然後搬進隔絕的廟宇之內。⑦

同「黑暗」與「光明」一樣，「高」與「低」就褒貶而言也可以反其義而用之。在古代的羅馬和現代的芝加哥，高層公寓大樓是窮人的住處，富人住在靠近地面的別墅豪宅中。平坦延伸的建築象徵著穩定。和公司總部不同，政府的辦公建築並不高聳入雲。將白金漢宮或是五角大樓建成摩天大樓幾乎是異想天開。前者象徵著延續和傳統，後者是軍事權力的中心。

「高」與「低」是褒貶性很強的用語。不論說任何東西卓越或是傑出都是抬高，同有形的高度相連。英語「卓越」源於拉丁文，意為「高於」。而「傑出」（*celsus*）來自另一個意為「高」的拉丁文。梵文中婆羅門（*Brahman*）❸一字原意為「頂點」。「等級」的字面意思是在空間裡向高或低移動的程度。表明社會地位用「高」或「低」，而非「大」或「小」。在另一方面，高高在上會成為眾矢之的，易遭嫉恨和惡意，令人感到壓力重重。因此易於理解的是，在高度發達的文明中，聲名卓著者偶爾會希望只做個平庸之輩。唯美主義者會表現出對稀泥的懷戀之情，文人學者會嚮往獸性的肉慾。在奮力而為的任何領域內，居於高位都會冒跌落之險，對於社會地位來說，這似乎格外言之成理。中上流社會人士喬治．歐威爾（George Orwell）在窮困潦倒中找到慰藉。他在巴黎的一個餐館中洗碗，位於社會的底層。原來這並非不可容忍，「你常說到窮人流浪漢中去——是的，他們就在這兒，這裡就是窮人流浪漢。你就在他們中間，你能夠忍受。這就使你擺脫了很多焦慮。」⑧

人類的身體

較高級的動物已經認識到諸如高和低、光明和黑暗、形式與混亂這類截然相反的觀念。人類獨有的是對身體的索引與詳盡闡釋。索引和闡釋是如此詳盡，於是這些對立的觀念不再模糊抽象，在很大程度上具有了特性與份量。每一種文化、每一種文明都有自己的索引指標。西方指標受柏拉圖（Plato）支配。柏拉圖認為身體是肉體化的靈魂，而頭是其中神聖的部分，是理性和啟迪的器官。頭是不死的。脖頸將頭與身體的下部、軀幹和肚子隔開。雖然軀幹會死，但軀幹將很多託付給身體，因為「男性精神」存在於軀

❸譯註：印度種姓制度中的最高種姓。

幹。軀幹上的胸部聽到理性的討論，支持合乎道理的思想，約束過分的欲望。此外還有心臟，柏拉圖將心臟稱為警戒室。一旦出現緊急狀況，心臟迅速行動，將資訊傳遞給敏感的四肢。至於肚子和更下部的器官，它們為較低級的需要服務。肚子「總管身體的營養」，營養對於身體的功能至關重要，不能置之不理，視為等而下之。那麼其他欲望呢？那些被生殖器操縱的「野獸般」的欲望呢？它們的位置在肚子以下，說明有害的衝動不易達到理性的思維，無法阻止頭腦發揮作用。而且還有脖子，這是最後的防疫線。⑨這一理論在現代導致了一種奇談怪論，認為纖長的脖頸是智慧的明確標誌。夏洛克．福爾摩斯和他的勁敵莫里亞蒂教授的崇拜者們相信，只有外胚型體型者，即身材瘦、四肢長的人才有傑出的頭腦。這種說法沒有考慮相反的證據，麥克洛夫特．福爾摩斯❹和布朗神父❺都身材矮壯，卻絕頂聰明。

柏拉圖對人類身體的解讀影響了艾德蒙．史賓塞（Edmund Spenser, 1552-99）。史賓塞的解讀甚至更具有幾何學和建築學特徵。史賓塞認為人的身體由三部分組成，圓形（頭），矩形（軀幹），和三角形（伸展的腿）。❻建築物應表現這些圖形和比例。同柏拉圖一樣，史賓塞也認為身體是肉體的靈魂，是個整體。或者用史賓塞的話說，身體是「神的創造」，同靈魂融為一體，密不可分。在另一方面，身體當然顯示等級觀念。頭和腿代表相反的兩極。頭包含靈魂的最高尚、最完美的形式，而腿則是其世俗形式，被性慾及其他一切有關生殖的東西所玷污。⑩

身體，房屋，和空間

很多人直觀地認為，身體即是房屋，房屋即是身體。維特魯威（Vitruvius）在《建築十書》（*De Architectura*，西元前一世紀—西元一世紀）中

---

❹譯註：虛構人物，偵探小說主角夏洛克·福爾摩斯年長七歲的兄長，為英國政府官員。

❺譯註：虛構人物，英國小說家卻斯特頓（Gilbert Keith Chesterton）所創造的偵探短篇故事主角。

❻譯註：伸展的兩腿同地平線構成的三角形。

如是說；阿特米多魯斯・達爾迪努斯（Artemidorus Daldianus）❼在他的夢中如是說；莎士比亞（Shakespeare）在《安東尼和克莉奧佩特拉》（*Antony and Cleopatra*）一劇中如是說（「不管凱撒使出什麼手段來，我要摧毀這一個易腐的皮囊」）❽。這種說法也存在於安德魯・馬維爾（Andrew Marvell）題為〈艾波頓府邸〉（Upon Appleton House）的詩中，存在於亨利・博斯科（Henri Bosco）名為《馬立克魯瓦》（*Malicroix*）的小說中，存在於艾德加・愛倫・坡（Edgar Allan Poe）所作《厄舍府的倒塌》（*The Fall of the House of Usher*）和《洩密之心》（*The Tell Tale Heart*）中，存在於弗洛依德（Freud）的隱喻手法，以及他層層鋪墊，如同子宮般的診療室中，存在於詹姆斯・瑟伯（James Thurber）的諷刺作品〈家〉（Home）中。瑟伯刻畫一個膽怯的小個子男人走近巨大的、母性的房屋。這當然是一種折衷性選擇。雖然所有作品都基於身體─房屋這一類比，但類比的方式各異，有的是超然的象徵，有的是親密的體驗。我選擇檢驗後者，因為後者最清楚地表現了兩極化價值觀念。

夢屋（或是兒童的房屋）是個屋頂傾斜的直立建築。分為三層，上面是閣樓，中層是客堂，下面是地窖。閣樓屬於夢想家和詩人。人在夢中總是爬到頂樓上。弗洛依德認為此處代表超我（superego）。廳堂類似於公眾和社會性自我（ego），人們在這裡制定世俗的計畫。所以被稱為自我。地下室裡漆黑一團，人類本能的熱情與欲望熊熊燃燒。在夢中，人也總是下到黑暗的地窖，這裡類似於潛意識的深層自我（id）。⑪

十九世紀下半葉的中產階級住在這種典型的豎立式建築中，這是弗洛依德的階級和社交圈。到了二十世紀中葉，美國西部新興中產階級一般住在類似於農牧場主住宅的平房中。這類住宅有界限分明的前廳後堂，就像人的身體。房屋的前部是客廳，客廳的窗戶位於前門兩側，它們是巡視草坪和遠處的「眼睛」。客廳用於交際和娛樂。在夜晚主人拉上窗簾（閉上眼睛），退

---

❼ 譯註：西元二世紀古希臘佔卜術士，因其五卷本希臘文著作《釋夢》（*Interpretation of Dreams*）而著稱。

❽ 譯註：書中所有莎士比亞劇作的譯文都根據朱生豪譯《莎士比亞全集》。

到房屋後部。這裡是臥室、浴室和廚房，有一切維繫人類生理需要的設施。每天晚上，主人倒空廚房的垃圾桶，就像每晚他／她入廁清空身體中的排泄物。屋前是完美無瑕的草坪和花圃。那裡並無圍牆環繞，任由路人欣賞。屋後是菜圃，孩子玩耍的鞦韆，家人在這裡燒烤，舉行非正式的家庭聚會。後院是私人空間，有藩籬環繞，避開窺測的目光。⑫

中國、古羅馬和拉丁語國家中的庭院式房屋也分前庭後院。前庭是正式的半公眾性場所，後院是非正式的私人領地。在前現代社會中，前庭是男人的天地，後院留給女人和兒童；前庭用於社會政治活動，後院用於社會生物性活動；前院敞開而「明亮」，後院隱蔽而「黑暗」。

雖然房屋有前部後部之分，房間有不同的用途和含義；作為整體，房屋被視為女性範疇，具有養育之功能，用於維持生命的活動。與此相反，城市是男人的天地，用於指揮規範人類活動。古希臘人最清楚地表明了這種區別。他們在農村的家基本上是農舍，用途是生產食物，維持生活。這裡是婦女、兒童和奴隸的活動範圍，他們屬於古典社會的未成年人。男人的使命是在城市公眾生活的炫目光采中博取名譽聲望。⑬直到一八五〇年代中期以後，包括美國在內的西方社會，廣為接受這種性別區分。女人的領地是家，她們在家養育孩子，買菜做飯。男人則每天開車進城，為功名利祿和別的男人競爭；但是也為了——男人們喜歡如此認為——改善社會和世界。

世界是浪漫主義的，家卻不浪漫。男人是浪漫主義的，女人不浪漫。女權運動有個流派聲稱婦女也能夠浪漫；聲稱她們也能過一種大膽的、同風車搏鬥的生活，也能為夢想歷經風險。女權運動還有一種同樣強大的潮流，這一潮流反其道而行之——不宣稱女人能與男人並駕齊驅，卻要男人同女人一樣，並肩將地球變成一個穩固可靠的家園。我將這個運動稱之為「保守管理」派，或是「家政學」派。儘管這個運動對地球和人類的安居樂業極為重要，儘管對於那些相信自己應該在這個運動中起主導作用的地理學家來說，這種思想非常誘人，這不是浪漫主義的。

社會地位

除了在以狩獵採集為生的小部落中，所有的社會都是等級社會。社會群體越龐大，物質文明越發達，地位劃分可能越詳盡嚴格。儘管極其繁複，社會劃分最終以等級制的身體為範本。身體的各個部分——頭、軀幹、腿和腳——並不平等。身體的直立形狀為靈長目中的人類所獨有，於是產生了「高」與「低」之分。靈魂和精神同「高」相連，是頭；奴性和獸性同「低」並存，是肚子、生殖器官、腿和腳。

至於發達肌肉在社會地位中的作用呢？人種學家認為在動物界中，肌肉發達至關重要，無往不勝，但在人類社會中卻並非如此。在街頭混混中，確實，最強悍者發號施令。但即使在街頭，首領起初也多半是靠話語，而非打鬥，贏得他的地位。在部落社會中最德高望重者是無所不見的巫師，而不是戰士。印度文明承認四個種姓，最高種姓是僧侶和學者，武士和王侯次之，第三種姓是自耕農和商人，他們之下是農工大眾。重要的是，雖然武士王侯位高權重，他們的聲望卻次於僧侶學者。他們是「軀幹」而非「頭腦」。中國的社會等級劃分不像印度種姓那樣森嚴不可逾越。中國的階層要靈活一些。這四個階層是士農工商。同樣應該注意，士是因學優而及第的官員，而不僅僅是官，他們威望最高。中國人認為好的政府需要飽讀詩書、高瞻遠矚、擅理政務的人。有意思的是，半神半人的君主並不需要親力親為。他位於所有社會等級之上。為使世界和諧運行，他只需要模仿北極星，高踞於寶座之上，靜坐不動。

頭腦相對於肌肉

在基督教化的歐洲，靈界的王高於塵世的王。國王們對教皇俯首稱臣。然而，教皇統治的真正權力並不來自人數不多的軍隊或是軍事聯盟，而主要基於一個龐大的，由識文斷字的教士和僧侶組成的官僚集團。聖經的力量轉換為文字的力量。大約在十六世紀，英國的上層階級開始意識到，要想延續自己的統治，不能只憑藉武力。他們必須發展自己的智力。所以他們將子孫送進中學大學——溫徹斯特（Winchester）和伊頓公學（Eton），牛津和劍橋大學——這裡一度被較下層階級的男孩獨佔，以便學成日後進入教會。在這些學府中，年輕的紳士們學習神學和古典哲學。這些學問同治理國家並無關係。這無關緊要，雖然當時他們並不明瞭，貴族鄉紳們真正渴望的是一門日後被稱為「頭腦奧祕」（mystique of the mind）的學問。⑭

這一奧祕延續至今。由於社會變得不僅更複雜，而且更機械化，更依賴於分析和科學推理，所以奧祕確實可能變得更為深奧。尤其在民主的、平民主義的美國，腦的力量和威望很少得到公眾性認可，所以「奧祕」一詞恰如其份。在美國也並非歷來如此。在內戰前的南部，種植園主們顯然認為自己的頭腦具有一種奴隸們沒有的品質。對於種植園主們，他們和奴隸的區別是「頭腦」與「身體」的區別，因此毫無疑問，誰注定統治，誰又注定服從。在工廠中，工人們還習以為常地被叫作「人手」（hands）。十九世紀，當美國迅速工業化時，偉大的黑人解放者弗雷德里克．道格拉斯（Frederick Douglass）博士建議機械廠和技術學院訓練黑人，以便他們日後成為「人手」。回想當時，這個建議實在不夠大膽，無法提高昔日奴隸的自信和地位，他們仍舊是「身體」。⑮

與歐洲不同，美國被視為一個反智力的國家。這有收入差別為證。職業運動選手的薪水遠比最卓有建樹的教授更高。確實如此，但是職業運動員靠娛樂他人為業，他們的工作是讓經紀人和付款人高興。嚴肅認真的教授不取悅他人，他們傳授知識。他們不僅教授切實有用的知識，還傳授從奧林帕斯山上搜集的，曾被稱為「智慧」的知識。簡言之，教授是「頭腦」，職業運動員是「肌肉」。屬於「頭腦」之列的人，其高高在上的地位不言自明，無需誇耀。如誇耀便成為粗鄙無禮。物理學家理查・費曼（Richard Feynman）不可能自吹自擂說「我是最偉大的！」，拳擊冠軍穆罕默德・阿里（Muhammad Ali）卻可能，而且這樣做了。

在十六世紀的英國，對頭腦的重視已顯而易見。這是否意味著浪漫傳奇的終結呢？僧侶能讀會寫，但是人們並不認為他們浪漫。騎士不識文斷字，卻是浪漫傳奇的主角。僧侶不配稱為浪漫，因為他們只模擬已知的東西。在伽利略（Galileo）和克卜勒（Kepler）的時代，有關知識的概念發生了變化。

雖然書本知識仍受人推崇，探索——或是探求——的意識卻逐漸更為世人看重。正如中世紀的騎士動身尋找耶穌基督最後晚餐時用的聖杯，近代早期的學者們著手探求難以理解的知識。逐漸，他們從事的工作成了對更好理解自然的探求，或是對科學的探求。如前所說，探求是浪漫傳奇的核心。探險家們渴望發現尼羅河（Nile）的源頭，想知道南極北極（Poles）是什麼樣子，想知道最高的山頂上有什麼。他們並不考慮世俗的報酬。在山頂上或是在沙漠裡，天文學家在顯微鏡前長坐不動，凝視著明亮的、但實際上億萬年之前已不復存在的星光。如果奇怪他們何欲何求？可能的答案是，有的人喜愛浩瀚無邊，遙遠無垠。儘管他們一絲不苟，他們是浪漫主義者。

第二章

地球及其自然環境

Earth and Its Natural Environments

浪漫主義的想像傾向於極大或極小之物，不喜歡中庸之道。此外，浪漫主義的想像輕易地從一個極端跳到另一個極端，例證是威廉．布萊克（William Blake）有名的詩句，「一沙見世界／一花窺天堂。」可能所有具有詩人氣質的作家都希望以微見著，在微不足道中發現極為重要之物。地理學家不是這樣，他們的地方性研究並不想說明較大的場景，更不想說明普遍的人類。因此，雖然對指導特定地方頗有益處，卻並不振奮精神。但是也有例外。在忠實於事實細節的條件下，地理學家也可以寫出傳神之作。亨德里克．威廉．房龍（Hendrik Willem van Loon）❶是個典範，他取得了這樣的成就。當一個學童想找一本好看的地理書時，房龍接受挑戰，寫出了《地理的故事》（*Geography*）。這本書首印於一九三二年。在書的開頭，房龍戲劇性地描寫人類生物量之小。他指出，所有的人類生物量可以裝在一個半英里見方的盒子裡。將盒子放在一塊立在亞利桑那大峽谷邊緣的岩石頂上。叫一條德國種獵狗用鼻子輕輕一頂，盒子墜入深淵，在谷底碎屍萬段。人類粉身碎骨了，但又如何呢？「大峽谷一如既往，經受著風吹、氣侵、日曬、雨淋。」在描寫了人類之渺小和自然之冷漠之後，房龍用書的後五百頁展示相反的一面——人類在世界各處做的種種工作，不論是豐功偉績，還是醜行劣跡。①

行星地球激發奇蹟，促進了一種闡釋性寫作，一種非功利性的、振奮人心的、浪漫主義的風格。地球上的大量自然環境也是如此，人類不易在這些地方居住，諸如山巒、海洋、雨林、沙漠和冰原。由於無法居住或是不易居住，這些地方使人腦擺脫了精打細算，設法謀生的計畫。而是滿足更饒有興味，發展智慧的需要。在人心目中既引人入勝，又難以接近的環境也提出美學和道德問題。我引用前一章概括的兩極化價值觀念來說明這些問題。

❶譯註：歷史學家，除了《地理的故事》，還著有《寬容》、《人類的故事》、《聖經的故事》等書。

地球和太陽系

一個廣為流傳的誤說（misconception）認為哥白尼（Copernicus, 1473-1543）因其日心說而受到教會的譴責。這種誤說也許在學校的教科書裡仍然可以見到。哥白尼的理論聲稱地球繞太陽運行，而非反之。根據這一誤說，由於新的理論顛覆了地球及地球上至尊居民——人類——在神的藍圖中的中心地位，所以為教會不容。真相與此不同，更為複雜。其重點概括如下。

中世紀的宇宙論受古希臘思想影響很深。認為宇宙由一系列透明的球體構成，地球也是個球體，位於中心。但地球的中心位置卻並不使我們的行星具有尊貴之位。正好與此相反。因為中世紀宇宙論學者不僅繼承了古希臘的圓形、球體和循環性思想，也崇尚與希臘思想相反的垂直。基於這種垂直思想，不可避免產生了兩極化價值觀念：即「高」與「低」、「亮」和「暗」，以及相關的「頭腦」和「身體」。宇宙中最純淨的升到最高處。不太純淨的變成氣體，落入第二層。那些較為密集的、有觸覺阻力之物聚在一處成了水。最後，宇宙的殘渣碎片落到最下面，形成地球。將秩序顛倒一下，換種不同的說法，地球位於最低點，在它上面是一系列透明的球體，它們是有名有姓的天體。依次為月亮、水星、金星、太陽、火星、木星，和土星。在土星上面是不動星系，其中是「靜止不動的星」。在更上面是「第一動力之星」，或是最先循環運行的球體。最上面是不動的動力，或是神。他充滿光，純淨的智慧之光，也充滿愛。②

有關宇宙的這種解說對西方浪漫主義想像具有最強大的影響力。其影響甚至在二十世紀的幻想作品中清晰可辨。③對這種解說的第一個衝擊來自十七世紀的新興天文學。天文學理論不僅否定了地球的中心位置，而且否定天體運行的軌道為圓形，認為是橢圓形。圓——在古代理念中象徵完美——是中世紀世界觀的關鍵部分。對這一理念的顛覆使其他榮光也一一褪去。人們不再認為天上響徹音樂，不再相信行星和恆星有很高的智力。但是在一六〇〇年，莎士比亞仍舊能夠沿用過去的解說，並希望世人能夠理解。他借用羅倫佐之口狂熱地吟誦，

《第一動力》，1465年，華盛頓特區國家藝術館。

坐下來，潔西卡。瞧那天宇中，
嵌滿了多少燦爛的金鈸；
你所看見的每一顆最微小的天體，
在轉動的時候都會發出天使般的歌聲，
永遠應和著嫩眼的天嬰的妙唱：
在永生的靈魂裡也有這一種音樂；
可是當它套上這一具泥土製成的俗惡易朽的皮囊以後，
我們便再也聽不見了。

——《威尼斯商人》（*The Merchant of Venice*）第五幕，第一場

在那時候，人們不僅認為宇宙和地球是球形的，而且認為人類的靈魂也是如此。所有三者都奏出和諧的音樂。但是當套上一具泥土製成的、易朽的皮囊之後，我們就再也聽不見樂聲了。在莎士比亞的時代之後不久，數學家和哲學家布萊士・巴斯卡（Blaise Pascal, 1623-62）卻見到一副全然不同的現

實。對他來說，太空是「無限永恆的靜默」。④這種前景嚇壞了他。如果我們有他那樣的想像力，我們也同樣會被嚇壞。轉動的時候發出天使般歌聲的，「燦爛的金鈸」哪裡去了？黑暗而寂靜的宇宙中有什麼能安慰我們呢？什麼也沒有——亦或有什麼的話，那是人類的存在——是人類的觸摸，例如太空人們貼在太空船牆上的樸實無華的家庭照。

家的照片確實給人安慰。一只發臭的舊鞋子不也能給人安慰嗎？或者效果更為顯著？在電影《真情世界》（*The Cure*, Universal, 1995）中，一只鞋滿足了需要，緩解了焦慮，提供了安慰。影片故事是關於兩個男孩子，艾瑞克和德斯特。他們是朋友。德斯特在輸血時傳染上了愛滋病，他的健康每況愈下。艾瑞克讀到，在新奧爾良可以治這種病，兩個孩子決定到那裡去。只要辦得到，他們在密西西比河上搭順風船，有時不得不在岸邊露宿過夜。一天夜裡，德斯特醒來時大汗淋漓。他做噩夢了。艾瑞克問他夢到什麼，他說夢到自己遊蕩在黑暗的太空深淵中，毫無被解救的希望。使他絕望的是一種徹頭徹尾的孤獨。艾瑞克如何應對呢？他把自己的運動鞋扔給德斯特，說，

「下次你再掉進黑洞洞的太空深淵時，問自己『到底為什麼艾瑞克發臭的舊鞋會在我的膝蓋上？』」

此處兩極化價值觀念在起作用。但是天堂的榮光消失了。取而代之的是另一種極端性安慰——一只「發臭的舊鞋」。我們甚至可以爭論說後者才是真實的安慰，前者只是幻想，天堂的榮光是一種幻覺。可這也並不是結論。天上也許沒有音樂，也許沒有我們以前所設想的，天體的和諧，但是上天力量的運作卻具有令人驚訝的、數學般的優雅。此外，雖然將天宇視為樂器只是遐想，但是這種想像曾經並仍舊具有一種真正的感染力，影響語言、文學和渴望。與此相反，膝蓋上一只朋友的舊鞋雖然體現人性的關愛，卻無法激發信心，振奮精神。

如前所述，人類曾認為地球位於豎直宇宙的底部——是宇宙的垃圾殘片。但與此同時，人類也認為地球是宇宙的中心，天體繞其運行。在過去的四十餘年中，當我們對宇宙所知日多，我們對地球的感情起了怎樣的變化呢？我們變得對地球更充滿深情。因為我們瞭解到，像我們這樣的，能夠維繫高級生命的行星極為罕見，甚至獨一無二。但是，除非有直接的體驗為證，這類抽象的概念沒有持續的效力。當我們親眼見到——而不是僅僅設想——地球這個球體時，我們有了直接的體驗。為了達到這一步，人類必須發展繁複的航太技術。一九七二年十二月七日是個重要的日子。在那一天，駕駛太空船阿波羅十七號，從二萬八千英里的高度，人類首次用快鏡頭攝下地球的形象。從此地球的形象成為偶像一般，比世上任何照片都更加廣為發行。地球原來有大理石球的美麗，是個遨遊於太空的生命孵化器。我不能不用莎士比亞形容英國的詞彙來形容地球——因為地球也是一個「幸福的國土」，「一個鑲嵌在銀色的海水之中的寶石」，我們的忠誠和愛屬於地球（《理查二世》，第二幕，第一場）。

當太空人飛向寒冷的、無生命的廣闊無垠之時，他們回望溫馨的、撫育萬物的地球。但是這也僅僅是故事的開始。當太空船飛到更加遙遠的地方時，難道太陽系本身不也會被視為溫馨的、撫育萬物的地方嗎？一九九〇年二月十三日，旅行者一號離開了太陽系，它回望來處，攝下太陽、地球和其他六顆行星的照片。太陽系的快照刊登在《科學》（*Science*）雜誌上。我可以將照片剪下，裝在鏡框中，掛在臥室的牆上。⑤我們最後的問題是，如何看待宇宙本身呢？可以稱宇宙為家嗎？法蘭西斯．培根（Francis Bacon）首先如是說。依培根之見，雖然宇宙之廣闊令人目眩，它正和人類頭腦匹配。對於我們的身體、地球及其山川河流正相匹配；而對於我們的頭腦及其不可比擬的廣闊，任何比宇宙小的空間都會感到制約。⑥

山嶽

如前所見，在中世紀的宇宙模式中，圓同垂直互相衝突。中世紀的宇宙模式也導致有關山嶽的對立態度。圓形物憎惡山嶽，垂直欣賞山嶽。我們先講圓。既然神是位卓越的工匠，祂所創造的地球應該是完美的球體，是美麗之物，就像純真孩童飽滿的、閃光的臉龐。那麼為什麼會有那些畸形呢？為什麼要有山巒、丘谷、突出的半島和大洋呢？十七世紀廣為流行的一個答案

約翰・辛格・薩金特，《雄壯山巒水彩畫》，1870年，佛朗西斯・歐蒙德夫人贈送大都會藝術館，1950年（50.130.146）。

是亞當和夏娃的「墮落」（Fall）。人類第一對父母的原罪❷使地殼陷入多水的深淵。我們所見到的是廢墟（ruins）。廢墟是一種比喻用法。❸另一個比喻是腐敗墮落。在失去天真無邪之後，曾經光滑的地表佈滿「贅瘤、水皰和肉疣」。⑦

十七世紀以克卜勒和牛頓的天才能力為榮。他們大膽的想像力開創了新興天文學，但是這些天才仍保留了對神學殘存的信仰。在今天必定會令我們吃驚的是，牛頓贊成墮落和大塌陷（great collapse）之說，相信這引起了醜陋的突起和凹陷。在另一方面，當時的科學也被用於捍衛神。神絕不是個笨拙的、無法使地面光滑的工匠。神將山嶽丘陵置於地面，以便溪流江河之水流過盡可能多的陸地，陸地當然是人類居住的地方。至於遼闊無際的海洋，海洋必須遼闊以便生出足夠的水汽形成雲，雲生出足夠的雨來灌溉地球。⑧

---

❷ 譯註：當神發現亞當和夏娃偷吃了分辨善惡的智慧之樹上的果子，有了羞恥之心，便將他們逐出伊甸園。在基督教思想中，這成為人類的原罪。

❸ 譯註：廢墟這個英文字也有道德墮落之意。

科學努力為神辯護，但對小學術圈子之外的人影響甚微。直到十八世紀以後，人們仍懼怕崇山峻嶺，主要因為人們對那裡所知甚少。人們避開山不是因為山不美麗，而是因為大家相信山是土匪強盜出沒之地。今天的人認為這言之成理。但是人們也認為山是巫神的家，證據是劇烈多變的天氣，這是高原所特有的氣候。阿爾卑斯山（the Alps）、汝拉高原（the Jura）、佛日山脈（the Vosges）和庇里牛斯山（the Pyrenees）中曾有聲勢浩大的驅巫運動。在巴斯克（the Basque）地區的較荒涼之地，農民和牧羊人直到二十世紀初葉仍談論女巫呼風喚雨。⑨

如果完美之圓使人們厭惡山嶽，那麼垂直體呢？有關「高」和「低」的觀念廣為人知，源於垂直體，使一極象徵正面觀念，另一極象徵負面觀念。一座雲霧繚繞的山峰不易攀援，說明這是眾神的居住之所。這裡不僅上達天庭，而且位於中心。所以說山是地球的肚臍。在眾多的例證中，印度神話中的梅魯聖山（Mount Meru）較為著名。據說它正位於北極星（Polaris）之下，是世界的中心。婆羅浮屠廟宇（Borobudur）將這一觀念再現於建築。梅魯聖山相當於中國和韓國宇宙圖譜中的崑崙山。此外，早期中國傳說提到五大聖山，五山之首是泰山，人們認為這是神山。希臘人有他們的奧林帕斯山（Mount Olympus），日本人有富士山（Mount Fuji），日爾曼人有傳說中的海明堡（Himingbjörg〔天堂山，celestial mountain〕）等等。

那麼在基督教化後的歐洲又如何呢？新約對山毀譽參半。一方面，魔鬼在山上誘惑耶穌，另一方面，耶穌在山上顯靈。西方基督宗教有自己的聖地，但那裡的神祕氛圍和位於峰巔無關。東正教與之不同，倒是有不少聖山，其中最著名的是阿索斯山（Mount Athos）。此山位於希臘一個突出半島的頂端。在一千多年中，阿索斯一如既往，庇護著修士群體。修士們以嚴苛樸素的生活和性靈聞名。其苛嚴與性靈表現在嚴禁任何女性之物，包括雌性動物在內。這種態度是否源於年代久遠的厭女癖？源於將精神與智力界定為男性和頭腦，將物質和生物性界定為女性和身體？認為一極光芒四射，另一極陰暗無光？阿索斯對女性的極端禁絕使人無法不得出這樣的結論——認為哪怕是一隻母雞進入阿索斯的神聖轄區也會玷污性靈。

另一方面，幾種其他思想派別流行於阿索斯，似乎會緩和，甚至顛倒上述兩極化公式。首先，阿索斯被奉獻給處女瑪利亞（Virgin Mary）。根據一種傳說，瑪利亞在去賽普勒斯（Cyprus）的途中，因為突如其來的暴風雨而折道阿索斯。傾倒於阿索斯山的美麗，她祈禱兒子將山賜給自己，成為她的領地。其次，「高」與「低」之分並不應用於阿索斯。整座山，或是整座半島都為聖地，並非只是高處。而且修道院絕不選擇建在至高之處，有幾個建在岸邊，所以朝聖的意義在於航海的艱辛，而非登高。第三，部分由於阿索斯與瑪利亞有關，部分因為那裡的原始森林，阿索斯因海中園林而著稱，對世人友好而非令人生畏。第四，尼撒的貴格利（Gregory of Nyssa）宣稱，阿索斯的宗教歷程分為三步，第一步，棄絕自私之心，以純潔靈魂；第二步，靠聖靈達到靈魂的啟蒙；第三步，與神合一。這三步在地理上的對應是先進入月光籠罩的沙漠，再登上霧氣繚繞的山峰，最後沒入濃黑的雲層。朝聖之旅並不是從黑暗到達光明，從谷底登上峰顛。與此相反。似乎當人的靈魂升得越高，同聖靈融得越深，阿索斯的黑暗和神祕越是鋪天蓋地。⑩

阿索斯是個例外，之所以值得一提，是因為當希臘羅馬的古代一去不返，山為神聖之物的思想也不再流行。山是強盜和女巫的出沒之處，不但不神聖，很可能被視為褻瀆神聖。但是自從十七世紀，由於種種原因，對山的看法有了改變。其中一個原因是我曾提到的一種奇譚，即神將山置於地上，以便使水分配得更為均勻。比這種神學和半科學解釋遠為重要的還有其他因素。十八世紀人口增加迫使農民搬到丘陵坡地之上，於是那裡變得不太可怕；另外的因素包括改善的道路體系，人們對冰川日益增加的科學性好奇，認為山中純淨空氣有益健康，以及誕生了一種有關崇高卓越的美學觀念。

後兩個因素受到有關高與低、身體和精神的兩極化價值觀念的影響。高山峻嶺之上空氣清新潔淨，而低處空氣渾濁不潔。在某種程度上，這僅僅是對事實的陳述。人們可以用水銀柱來測量大氣的壓力。我們登得越高，數值越是下降。但是對事實的道德解讀緊隨其後：在低凹之地，生活在濃厚空氣中，人們的血管因壓力而緊縮，所以認為那裡的人會變得懶於行動，整日昏昏欲睡。⑪為了抵銷這種影響，從一八五〇年代到二十世紀初葉，在歐洲的阿爾卑斯山和美國的洛磯山上修建了療養院。雖然人們去療養身體，更善於思考的病人也去怡情養性。無論如何，他們都必須把生意經置之腦後，不論是否願意，都不能耽於肉慾的激情。他們將自己敏銳積極的頭腦用於更高尚的活動。逐漸，他們甚至會感覺在山中療養地的單調生活是一種美學與精神上的收穫。

湯瑪斯・曼（Thomas Mann）在小說《魔山》（*The Magic Mountain*, 1924）中卻顛覆了這種觀念。瑞士阿爾卑斯（Swiss Alps）的山中療養地住著世界各地的客人。在他的眼中，這是一戰前頹廢歐洲的縮影。這個富裕高雅的所在浸透在甜膩作嘔的死亡氣息中。如何能不如此呢？它與山下平民百姓的辛勤勞作相隔萬里。「高」確實包含智力與性靈之意，而「低」代表身體和物質。但是反其意而用之也是可能的。「高」也象徵倦怠的高雅，與頹廢咫尺之隔，而「低」卻代表強健與生命力的旺盛。

現在我來談第二個因素——在十八世紀日益流行的，所謂「卓越崇高」的美學概念。高聳的阿爾卑斯峰頂是這個概念肉眼可見的實體。登山開始時興，早期登山者是貴族，他們的旅行氣派十足，僕從如雲。登山於是成為組織有序、資金充裕的團體活動。後來在十九世紀期間，攀登阿爾卑斯成為學有所成的年輕知識份子之所愛。他們爬山為了個人理由，為了領略群山令人恐懼的美麗，為了品味危險的激動人心，也為了同死亡近在咫尺。他們人數不多，可能只有兩三個人，因為他們也尋求自食其力，避開人群。⑫

即使並未直言坦承，當登山者們在寂靜的峰頂小憩之時，也必定感到自己與眾不同，高高在上。阿圖爾・叔本華（Arthur Schopenhauer）就是如此感覺。他的一個傳記作者說，「他對垂直有特殊的感覺，」那種感覺「將他射向高處。只有當俯瞰萬物，才能容忍水平面。」在他一生中，只要可能，叔本華必定登高，最喜歡在日出之際登高望遠。「這是令人入迷的時刻，他會在旅行日記中記下這樣的時刻。在下面，萬物仍在黑暗中沉睡，但是他已經沐浴在日光中，與群星之首親密相會。然而谷底的人們對此一無所知。當他高高在上，他也領略到世間萬物的樂趣。他是酒神戴奧尼修斯（Dionyus），但不是下面的、肉體的酒神，而是高高在上、俯視眾生的酒神。」⑬

應對挑戰，創新紀錄，化險為夷，領略此世沒有的美麗，當人類還在黑暗的窪地中熟睡，超越同伴，卓立山巔沐浴朝陽。這是十九世紀末二十世紀初登山者的一些理由。或許除了最後提到的一個，所有其他理由都十分天真無邪。但是我們所有人有時為了誇耀成就，可能都會懷有超越同伴的願望。然而成就可能受到挑戰，到底誰是更好的廚師、更好的學者、更好的將軍，更好的政治家？跑步跳高這類體育技能有所不同，因為可以進行衡量。登山也類似，但是與跑跳相比，其象徵性意義更強。登上山頂，征服頂峰的人實際上就高於他不太強健的弟兄。

誰適合做統治者？還有人比勇敢無畏的登山運動員表現出更令人信服的獲勝意志嗎？在一九二〇年代，當德國還在力圖擺脫軍事失敗的恥辱之際，德國人不僅在登山運動方面，而且在相關的視覺藝術領域內領先。在諸如《命運之山》（*Mountain of Destiny*, 1924）、《聖山》（*Sacred Mountain*, 1926）、《皮茨帕盧的白色地獄》（*The White Hell of Piz Palü*, 1929），和《藍光》（*The Blue Light*, 1932）這類電影中，記錄了超越常人的行為，勇敢無畏，堅忍不拔。後來在這一流派中司空見慣的形象是一個男人屹立山巔，沐浴在陽光中，而山下的百姓還在沉睡。希特勒被這類影片，也被蘭妮·萊芬斯坦（Leni Riefenstahl）所吸引。她起先演出，後來執導這類片子。一九三四年希特勒勸說萊芬斯坦拍攝紐倫堡（Nuremberg）帝國代表大會，她同意了。她拍的電影名為《意志的勝利》（*Triumph of the Will*），成為納粹宣傳的經典之作。在這部片子和其他納粹黨電影中，一個常見的形象是希特勒站在高台上，在他下面，在他蠱惑人心的夸夸其談的陰影下，是癡迷的群眾。⑭

海洋

在第三日，神將天下的水「聚在一起，使旱地露出來」。做完後，神看著是好的。祂說「讓旱地長出植物，……事就這樣成了。」水呢？「水要多多滋生有生命的物。」事也就成了。但是生物裡有海中怪獸。神顯然喜歡陸地，因為祂在地上造了伊甸園（Garden of Eden）。在園中祂造了最精緻的生物——亞當和夏娃。海洋置於神的轄區之外。直到二十世紀，對於浪漫主義

湯瑪斯．赫斯廷斯船長，《海上風暴》，舊金山美術館。

想像來說，海總是象徵著原始的、無法區分的流動，一種蠻荒的混沌無序。文明可以產生於其中，但也總是可以退入其中。對於《啟示錄》（*Book of Revelation*）的作者來說，末日的理想世界是個最最遠離液體和生物性的所在——一個沒有植被的、幾何體的水晶城市，一個「不再有海洋」的世界。

直到十八世紀以前，人們不願到海上冒險。古代的兩位航海人奧德修斯（Odysseus）和傑森（Jason）並非有意而為。奧德修斯只是想回家。如果不是因為獨眼巨人（Cyclops）的父親海神波塞頓（Poseidon）的阻撓，他會早早回到家中。同樣，傑森也不是個航海人。他是為了尋找金羊毛，而金羊毛恰在一個遙遠的國度。後來，基督宗教使長途跋涉或是朝聖成為屬靈生活的自然象徵。雖然達到聖地需要飄洋過海，但是救贖絕不存在於海上的歷程。但丁不贊成尤里西斯（Ulysses，亦為奧德修斯）。他為尋求德行和知識而飄洋過海，成為航海英雄。但是這個英雄並不完美，因為他甘願拋妻別子。莎士比亞的主角們從未心甘情願地漂流海上。海上歷程是不得不忍受的苦難，是通向重生的死亡，是建設永恆都市之前的磨練。⑮

在聖經語言中，陸地之外是「水」，或者按照希臘人的說法，是「海洋」。海洋是巨人泰坦（Titan），是統治宇宙的大神之一。如果剝去其擬人的形象，這是條不被風暴煩擾的、環繞陸地的巨江大河。希臘人是好水手，在將圓盤形陸地分割為兩個相等部分的海洋中悠然自如。但是除了柏拉圖後來講述的，淹沒水中的亞特蘭提斯（Atlantis）島嶼城市的故事，希臘人對赫丘力士之柱（Pillars of Hercules）外面，即對面積最大的海——地中海——西端之外的地方，興趣不大。換言之，降低對海洋恐懼的辦法之一是將海洋縮小。自古希臘至地理大發現時代，製圖學家們一貫如此而為。的確，哥倫布對向西航行到達陸地所用的時間做了樂觀的估算，但這是由於製圖學家們低估了他需要飄洋過海的距離。

或者換一種說法，人們傾向於誇大陸地的面積。這是因為我們人類是陸地動物。但是還有另外的原因，因為人類偏愛對稱。希臘人清楚地表明了這種偏愛，他們認為陸地被地中海分為均等的兩部分。後來，當歐洲人瞭解到北半球大陸的面積之後，他們以為在赤道以南存在同等面積的大陸。十八世紀路易斯—安東尼・德・布甘維爾（Louis-Antoine de Bougainville）和詹姆斯・庫克（James Cook）探險的主要目的之一是發現南部大陸。除了澳大利亞使他們略感安慰，他們一無所獲。

直至十八世紀末，海洋的寬廣才毋庸置疑。儘管人們相信海洋有邊，並非遙遠無際，就像看到的地平線並非遠不可及，但是在心理層面上，人們總是感到海洋浩瀚無垠。人們對海洋所知甚少，所以感到海洋浩瀚無垠。一無所知之物似乎總是無邊無際，令人恐懼。確實，在近代之前，人們對大部分陸地也所知甚少，因此人們認為陸地也廣闊無垠，十分可怕。但是基於一種事實，這一感覺有所緩和。因為大致來說，陸地具有可以認知，甚至於肉眼可辨的熟悉特徵。由於對這些特徵可以認知辨別，降低了對整個陸地的陌生廣闊之感。

看即是認識。但是在洋面上有何物可見呢？除非有經驗的水手，所有人只看見空茫一片。海洋之深更使人感到海洋無法認知。水有深度而陸地沒有。人溺水而死，而陸地扶持人站立。到底海洋有多深呢？直到十九世紀人們才認真測量海洋的深度。同時，人們對海洋充滿奇想。莎士比亞在《理查三世》（一幕，四場）中顯示了這種奇想。劇中克萊倫斯在夢中墜入「海洋翻滾的巨浪中」。

天哪，天哪！
我好像深感淹沒水中之苦；
浪濤聲在耳邊響著，十分可怕！
我眼睛裡浮現出種種死亡的怪狀！
我彷彿看見千百條遇險的破船；
上千的人被海魚噬食著；
海底散滿了金塊、大錨、
成堆的珍珠、無價的寶石和難以計值的飾品。
有的嵌進了死人的頭顱；
在原來安裝眼珠的空洞裡嵌著閃亮的珠寶，

似乎在侮慢肉眼，
不斷地向那泥濘的海底傳情，
對著散在各處的枯骨嘲笑。

同動物一樣，海洋也有情緒。它可能不可思議地平靜。在大西洋中央可能一連數天，甚至數個星期，洋面平滑如鏡。古代的帆船靜止不動。希望微風可以使船隻開動，人們為了減輕重量，將運輸的馬匹奴隸拋入海中。甲板上紋絲不動，這種全然的寂靜使憂心忡忡的水手可以聽到自己的心跳。不偷奸耍滑的靜止是海洋情緒的一個極端。在另一個極端，海洋洶湧咆哮，波濤像怒獸般跳竄拍打。海洋似乎也能施以詭計，將船隻誘入被稱為大漩渦的致命渦流。大漩渦是一種自然特徵。當強流被強潮擋住，便產生了急速旋轉的水團。其強大的下旋力可以吞沒不大的船隻，使之沉沒。但是在人們的想像中漩渦變成了鬼怪。早在荷馬（Homer）史詩《奧德賽》中，奧德修斯就不得不在卡律布狄斯（Charybdis）漩渦和六頭海妖斯庫拉（Scylla）之間選擇。

在《航海圖及對北方諸地的描述》（*Carta Marina*, 1539）一書中，大漩渦被說成是靠近挪威海岸的一條盤繞的海蛇。但是這些都不能同兩位十九世紀作家——艾德格．愛倫．坡和儒勒．凡爾納（Jules Verne）——的想像力相提並論。以下是愛倫．坡所寫：

突然，非常突然，（這些漩渦）有了明確可辨的形狀，形成了周長一英里的圓形。漩渦的邊緣是微光朦朧的水霧形成的寬頻；但是沒有一點兒水霧滑入這個可怕漏斗形狀的口中；漏斗內部，窮目力所見，是平滑閃光、烏黑發亮的水牆，以大約四十五度角向水平面傾斜，旋轉的速度令人目眩，並迅疾地搖擺。同時向風中送出駭人聽聞的聲響，半是尖叫，半是呼號，甚至是雄壯的尼加拉大瀑布對天庭猛然爆發時，也沒有發出這樣的聲響。⑯

愛倫．坡塑造了一個喧鬧的海洋魔鬼。被它吸入口中不是永遠消失，就是粉身碎骨，然後被吐出。海洋浩瀚無際，是不祥之兆。使人幻想出奇形怪狀的海洋生物。古希臘羅馬的作家（荷馬、亞里斯多德〔Aristotle〕，和老普林尼〔Pliny the Elder〕）都為這類傳說添枝加葉。如我們所知，中世紀的製圖學家將奇異的獸類置於他們所知世界的邊緣。令人奇怪的是，在十九世紀，當人們已測出海洋的面積，當簡陋的海洋探測技術已經發明，這種想像仍頗有市場。大家以為對海洋的瞭解會消除神祕。但並非如此。這可能是因為海洋之深瀚，之黑暗，之寒冷，證明是個比人們所想的更為奇異陌生的地方。對海洋及其居民的敘事十分暢銷。儒勒・凡爾納的小說《海底兩萬里》（*Twenty Thousand Leagues under the Sea*, 1869-70）廣為人知，這說明其同代人對穿插著事實的幻想津津有味。對大洋深處的著迷延續到我們的時代。一九六四年，華特・迪士尼（Walt Disney）將凡爾納的小說改編成電影。這是他最雄心勃勃、使用真人實景的改編之一。啟用大牌明星，揮斥鉅資，為鸚鵡螺潛水艇製作以假亂真的模型。電影的成功使迪士尼樂園為凡爾納的故事專建一景。然而，雖然這個場景公園設計精巧，卻只能展示一副縮小的、玩具般的場景。潛水艇遊弋在人工池塘中，相對於原始深淵所激發的魂飛膽散，這是滑稽可笑的模仿。

凡爾納的文字技巧更令人信服。他描述的鬼怪中包括「一個很長的、紡錘形物體，有時發出磷光。身體遠比鯨魚要大，行動更為迅速」。還有七十五英尺長的抹香鯨，牠龐大的頭佔整個身子的三分之一，牠的口中有二十五顆巨齒長牙。但是所有之中最駭人、最令人厭惡的是巨大的食肉烏賊。牠的八隻觸腕足長著吸盤，從體管中以巨力噴水，依靠噴射式的動力向前推進。對這些多少準確的描述，凡爾納塗上令人恐懼的色彩：

這個怪東西的嘴是角質鳥嘴，就像鸚鵡的嘴，上下垂直閉合。牠的舌為角質物，上面長著數排尖齒，微微抖動地露一對名副其實的大剪刀。牠紡錘狀的身體是個大肉團，中段粗大，可能重達四千磅到五千磅；體色根據受刺激的程度迅速變化，依次從鉛灰色變成紅褐色。

這隻巨大的烏賊舞動腕足，企圖搗毀鸚鵡螺。在潛水艇升到水面時，

一個水手擰鬆嵌板的螺釘。但是螺釘還未鬆開，嵌板就被猛力頂起，顯然是烏賊腕足上的吸盤所為。一隻腕足立即像海蛇一樣從空隙中滑入。

烏賊的腕足在潛艇兩側爬動，當船員們用斧頭與觸手搏鬥時，烏賊噴出一道濃黑的液體，逃之夭夭。被斬斷的腕足「在甲板上血與墨汁的溪流中蠕動。」⑰

凡爾納的書之所以引人入勝，是因為他酷愛原始與文明這兩個極端——身體相對於頭腦，是黑暗相對於光明。對於凡爾納來說，光明是電發出的光，這在他的時代是新奇之物，是理性的創造，也是理性的象徵。在鸚鵡螺潛艇上，技術上的奇巧有趣之物比比皆是，但潛艇也炫耀上等歐洲文化的富有。船長尼莫帶領教授阿龍納斯參觀潛艇，阿龍納斯報告說，「我一跨進

門，就發現自己置身於一個用電照明的通道……然後我進到一個餐室，餐具櫃用橡木製成，鑲嵌著烏檀。架上瓷器、陶器和玻璃閃閃發光，價值難以估量。」圖書室裡「書籍很多，一式裝潢。長沙發用褐色皮革製成，彎曲部分為人提供最大限度的舒適。」在博物館中，「陳列著不同流派巨匠的作品，有拉斐爾的聖母像（Madonna of Raphael），有李奧納多．達文西的聖母像（Virgin of Leonardo da Vinci），有科雷喬（Correggio）的林間仙女，有提香（Titian）的女人像，有委羅內塞（Veronese）所畫《國王朝拜聖母圖》，有穆里羅所繪《聖母升天的假想》（Assumption of Murillo），有霍爾拜因（Holbein）的一副肖像，還有一幅維拉斯奎茲（Velazquez）的修士……在這個偉大博物館的角落裡，一些令人讚美的雕像立在墊座上，用大理石和青銅製成，仿造最精美的古代式樣。」⑱

在書的結尾，潛艇鸚鵡螺和船長被吸入離挪威海岸不遠的漩渦中，下落不明。但這是一部科幻小說，寫來激起愉悅的顫慄。在鐵達尼號（Titanic）的宿命中，真實勝過了虛擬。確實，鐵達尼號未被漩渦吞沒。一九一二年四月十五日，它在離紐芬蘭（Newfoundland）海岸不遠處因撞上冰山沉沒。但是根據目擊者的描述和三部大片戲劇性的視覺場景，在巨輪以四十五度角傾斜，頭朝下跌入黑暗深淵的瞬間，看來好像是被惡毒地吞噬了。於是證明在人與自然永無止息的爭鬥中，人造的巨人泰坦不足以同海洋，這希臘神話中的巨人泰坦相匹敵。大約一千五百名乘客溺水而亡。他們的屍骨沉在離海面兩英里半的海底，困在這具日益崩塌的鋼鐵棺材中。

儒勒．凡爾納傾心於人類創造的鸚鵡螺。他誇耀潛艇的體積（二三二英尺長，二十六英尺寬）速度（一小時五十海里），和功力強大的發動機。鐵達尼號的股東們也誇耀船的體積（八八二．五英尺長）和速度（一小時二十四到二十五海里）。但更重要的是，他們誇耀船的水密構造，這使船「不會沉沒」。在那時，鐵達尼號是人類歷史上最龐大的移動之物，也是一座漂浮的宮殿，其內部裝潢設施極盡奢華之能事。上甲板闊大的門廳裝飾著巨大的玻璃穹廬、橡木鑲板，華麗的欄杆有熟鐵渦形裝飾。「俯瞰一切的是座難以置信的壁鐘。鐘上裝飾著兩個青銅的林間仙女，象徵著名譽和榮光為時間加冕。」一位災難的倖存者對餐廳的地毯念念不忘，地毯是如此之厚，「你踩在上面，絨毛沒到膝蓋。」家具是「如此之重，你幾乎無法將它舉起。」⑲更別提那些刀叉餐具、杯盤碗盞、葡萄酒杯、細頸水瓶、床單被墊，所有這些都屬最最上乘。而且這是鐵達尼號的處女航。杯盤不曾用過，被單不曾睡過。

鐵達尼的命運說明秩序可以輕易迅速地變成混亂，似乎二者只有咫尺之隔。這引起我們發問：在當今的世界上，在秩序和混亂，文明與原始兩極之間，我們可以在哪裡發現最易穿越的間隔？最尖銳的對比？既然飛行已成了家常便飯，人們可能認為這存在於飛機內部和外面的太空之間。在飛機裡我平靜地坐在墊軟的座位上讀著雜誌，間或望向窗外。窗外是壯觀的景色，是夕陽照亮的、毛絨絨的雲朵。但是外面也是瞬間的死亡。我與死亡只有一窗之隔。我感到微微的不安，這合乎常理，因為如果飛機爆炸，我被拋入太空，劇烈無氧的寒冷會立即殺死我。但是劇烈的寒冷不是妖魔鬼怪，因為飛機旅行和太空並未被神話所渲染。

但是，在一艘巨輪中飄洋過海是一種更高等級的對比。在船中是文明，可以說置身於高度文明之巔。因為比陸地上更甚，船中的社會精細地劃分等級。船長充當教士兼國王。此外，比陸地上更甚，人們衣冠楚楚，在天花板高懸，枝形吊燈閃爍的餐廳裡共進晚餐。在夜間從遠處望去，輪船像是閃閃發光的珠寶，在漆黑一團的海面上安詳地移動。憑欄而立，望向海面，任何有想像力的旅客都會因為那嚇人的深淵和出沒於海中的，奇形怪狀的生物而不寒而慄。能有任何文化與自然的區分比甲板內和甲板外更加顯著嗎？在上甲板的一邊，是維也納華爾滋舞曲和社交性娓娓清談，在另一邊，是黑暗、寒冷、滑膩的未知世界。⑳

森林

我們的遠祖是猿猴。牠們住在熱帶森林中——一個林木雜亂，重重疊疊的環境。在森林中求生存需要行動快捷，感覺靈敏。後來，大約三百萬年之前，猿猴的後代——類人猿——走出森林，遷到類似園林的開闊之地，那裡

凱瑞爾・尼古拉斯・斯托・馮・格雷夫山德，《林間小路》，1885年，麻省，威廉斯頓，克拉克藝術中心（1988.4）；畫作版權，克拉克藝術中心。

青草遍地，林木稀疏。正是在開闊的地方，他們獲得了直立的姿態，兩足行走的能力，和一個大的頭腦。這樣，我們的祖先離開森林才變成了人類。從生物學和演化論的觀點考慮，這是幸運之舉。但是，是否居住地的改變也引起了其他變化？使人類喜歡疏樹草原，仇視森林？喜歡光亮，仇視幽暗？我提出這個問題是為了指出一點，即人類對森林的仇視可能年代久遠，可以追溯到由猿（密林）到類人猿（開闊林地），再到完全人類（疏樹草原）的演化歷程。

在大約過去五千年的歷史時期中，人類對森林喜惡參半。有些人在某個時期重入密林，他們發現，只要自己不試圖大動干戈，森林給人方便。狩獵與採集不改變森林，獵人和從事採集農業的人靠熱帶雨林為生。剛果東北部的姆巴提—卑格米人（Mbuti Pygmies）提供了一個翔實記載的例證。這些人與雨林親密無間。嬰兒在混有林間藤蔓汁的水中沐浴，將森林視為他們的保護人和生命授予者。當進入青春期，女孩子們象徵性地接觸藤蔓和葉片，同森林再續前緣。性愛通常發生在森林中，靠近溪水，沐浴在陽光或是月光下。當人類學家科林・滕布爾（Colin M. Turnbull）問一個姆巴提人（Mbuti），他為什麼獨自舞蹈，此人回答說自己不是獨自一人：他與森林和月亮共舞。當危機或是災難降臨，有時這樣的事必然發生，姆巴提人的應對方式是試圖喚醒仁慈的林中精靈，使之看到自己的困境，前來救援。但是死亡這種困境是無法解救的。當死神降臨，姆巴提人說，「黑暗無處不在。但是如果森林不反對，那麼黑暗是好的。」㉑

森林因此可能成為伊甸園。但是當人們試圖改變環境，並且有能力這樣做時，情況就不同了。砍伐樹木，開闢一塊林間空地，種上莊稼，建起茅屋。圍繞著空地的森林會現出完全不同的面貌。不再佑護養育人類，林中滿是邪惡的精靈。班圖（Bantu）農民是姆巴提人的鄰居，他們的應對方式與姆巴提人相反。林間動物不斷襲擊他們的莊稼。而且，空地灑滿陽光，於是林間植被侵襲莊稼，同莊稼爭鬥，並最終戰勝莊稼。大自然對獵人和採集者友好，卻可能對刀耕火種的農民嚴酷無情，滿懷仇恨。㉒

當森林和草原之間的界限成為「天然」，即當這一界限在漫長的時間中穩定不變時，情況又會如何呢？在這種情形下，即便林中野獸偶然襲擊，造成災難，草原上的居民也不會害怕森林。卡塞（Kasai）的勒勒（Lele）人就是一個例證。勒勒人住在靠近剛果森林邊緣的草原上，卡塞河從那裡流過。在那裡他們建立了某種可以居住的世界，但並不以此為傲。他們的家園曝曬在烈日之下，乾旱、瘠薄、酷熱，只適於栽種塊莖植物。他們的茅屋輕薄易壞，受害蟲侵襲，需要不斷地修補。與此相反，臨近的森林涼爽宜人。在重疊林木的華蓋下，勒勒人感到安寧而放鬆。此外，森林裡有很多獵物和可食的植物。當勒勒人說到母腹般的森林時，他們滿是讚嘆之語。㉓但是，儘管務農艱難重重，他們沒有為林間的安逸而放棄栽種。在歷史上，世界性的變化方向是反直覺的，人們離開依賴自然恩惠的安逸生計，演化到充滿戒備與汗水的緊張勞作。

農業誕生於大約一萬兩千年之前。絕大部分時間，農人們在蠻荒的密林中奮力維持這個來之不易的人類世界。㉔在數千年間，農人們將森林視為威脅。然而森林提供柴火、木料和獵物，但只要穿過林地邊緣便是強盜、凶漢、猛獸和邪惡精靈的出沒之地。一些英語詞彙銘記著這種恐懼。「野性，野人（savage）」源於林區一字（silva）；「外國人（foreigner）」，或是非我族類，和「森林（forest）」詞根相同。一部十七世紀中葉的詞典用下列詞彙形容森林：「恐怖」、「陰暗」、「野蠻」、「粗鄙」、「憂鬱」和「獸類出沒」。㉕ 即使到了十八世紀，穿越森林訪親探友或是做生意仍非易事。因為那時候森林仍舊覆蓋著大部分陸地。

童年時代常見的恐懼是被丟棄。一些十八世紀的童話故事源於更早些時的民間傳說，講述兒童被丟在「黑暗的叢林」中自生自滅。對於大人來說高大的樹木在孩子眼中巨大無比。林木矗立，遮住陽光；還有野獸出沒和惡毒的精靈，於是孩子們陷入手足無措的境地。能夠走出森林，回歸陽光之下的孩子便長大成人。童話故事裡的森林於是被視為孩子們必須經歷的磨練。令人欣慰的是他們無需獨自歷險。他們經常能遇到一個好心的巨人當嚮導。為使孩子們更加安心，童話故事告訴他們森林有盡頭，並非無邊無際。㉖

如果說溫帶森林會使人膽怯，熱帶雨林遠勝於此——起碼對誤入林中的外方人是這樣。充盈過剩的生命本身就阻人前行。不同種類的樹木高低交錯，組成濃密多層的華蓋。攀援植物從一棵樹爬到另一棵。從四面八方擋住人的視線。知道自己迷失在這個藤纏樹繞的密林是場惡夢。茂盛而且互相盤纏的生命似乎成了顫動的整體，成了一個急於將闖入者吸入，食其精髓的妖魔。視覺的混亂之外還有噪音。沒有預兆，熱帶雨林墳墓般的寂靜在頃刻之間會被打破，森林變成一座喧鬧尖叫的瘋人院。艾歷克斯・邵曼托夫（Alex Shoumatoff）在一九七〇年代訪問了亞馬遜河流域的一個村莊。以下是他對聲響的描述：

一大片濃密而有韻律的聲響包圍著睡眠中的村莊。蟈蟈發出響亮平穩的鳴叫，巨大的蟑螂發出嘶嘶聲，樹蛙發出咯咯聲，其他昆蟲交錯變換，使用八音度，不知疲倦地重複著吃唔、吃唔、吃唔聲。模仿被發現的獵物，耗子發出隨機的、不連貫的、柔和的咻咻聲，就像雨水打在屋簷上。〔然後引人注目的吼猴登場了。〕

大約半夜時分，我被一種人間罕聞的叫聲驚醒，叫聲來自叢林深處，這是吼猴一波接一波的嗥叫……聽來像有好幾百隻。雖然可能遠比此數為少。牠們的長嚎首尾相接，形成折磨人的連綿。我從來沒有聽見過如此充滿野性，如此令人生畏的聲音。㉗

對於一個習慣於國人文靜舉止的歐洲人來說，非洲當地人的噪音可能同樣難於忍受。正如有人在一六三二年寫道，「鼓沒有一天間歇。他們不間斷的習俗是每晚到空場中去，在那裡他們不停地擊鼓，跳躍，唱歌，製造野蠻的噪音，往往直到天將破曉。」㉘兩百年之後，另一位白人抱怨道：「在非洲，不論生病還是不生病，都是一模一樣。在任何地方都找不到安寧和靜默。除了動物的叫聲，我們更為女人的喋喋不休聲所煩擾，這種聲音追隨著我們，無所不在。我確實相信，除非疾病或死亡，無法使她們完全安靜。」㉙對於視嘈雜為粗俗的歐洲人來說，那些總想與他人為伴，並且尋求使自我意識陶醉在不停的噪音中的人粗魯野蠻，或者簡而言之，他們不成熟。㉚

氣味是有生命之物的特性，生物越是聚在一處，那個地方的氣味越是刺鼻。無可懷疑，熱帶森林天然是地球上氣味最濃重的地方之一。但是，置身於芳香之中，人們感受不到氣味的侵襲。可能最初他們認為這氣味勢不可擋，但很快就淡然處之了。歐洲人是否認為濃郁的熱帶香氣娛人感官呢？同本國的寡淡無味相比，可能如此。在另一方面，在不舒服或是暈頭轉向時，歐洲人會認為這些氣味不象徵成長和生命，而象徵腐朽和敗壞。在十九世紀，歐洲人開始相信所謂「邪惡瘴氣」之說。瘴氣源於翻起的土壤和腐敗的植被，風將發散物捲起，散於各處。不論落在任何地方，瘴氣引起疾病和死亡——熱帶因而被稱為「白人的墳墓」。一個英國人於一八八一年寫道：

> 不論風從何處颳來，在潮濕環境的協助下，熱帶迅速分解所產生的物質都會像雲一樣懸於一處，像毒氣一樣毒害暴露在外的人。居民們對這些發散物的毒性了然於心，所以他們將門窗緊閉，擋住地上吹來的微風。在到臥室就寢之前，為了安全，他們通常把

一個點燃的小炭盆放在裡面一段時間，消毒臥室的空氣。㉛

這些看法基於數世紀之久的經驗，又被「文明」人的兩極化價值觀念所支持，無怪乎森林成為進步的障礙。應將森林清除以便光明和理性進入。在西方，至少在古希臘和羅馬時期，當人們還崇拜天空時，這種態度就廣為流行。太陽和星球是清明和秩序之源，而森林的華蓋遮住了瞻仰它們的視線，所以森林被人們厭惡。㉜所有先進文化（文明）都從天空得到啟示，即使人們靠森林得到木柴和獵物，即使人們在宗教和詩篇中讚美森林，他們卻都對森林不屑一顧。例如，中國的道教是一種敦促人們尊敬自然的哲學，中國卻是世界上最光禿的國家之一。對於中國的道家來說，自然的象徵可能是一株如畫的樹木，或是廟宇旁一小片松林，卻不是森林。當然絕對不是藤纏樹繞，濃密的熱帶森林。在後漢時（西元二五至二二〇年），北方平原的人開始大量向南遷徙，在那裡第一次見到浩瀚的熱帶植被。他們不喜歡眼中所見。那個時期的一首詩表達了人們的恐懼和厭惡。

山曲岪……
虎豹穴……
嶔岑碕礒兮，
硱磳磈硊。
樹輪相糾兮，
林木茷骫。㉝

但這是過去的情景。到了二十世紀末，世界各地已開化的人類變得喜愛森林，認為森林提供資源和美麗之物，應受到保護；如果可能，應該恢復原狀。但是恢復到過去的哪個時期？何種狀況呢？世界上兩片最大的熱帶雨林在剛果和亞馬遜。以前認為在歐洲人開發之前，這兩塊綠毯般的覆蓋物完好無損。現在看來，這似乎並不正確。先說剛果。大約兩三千年前，說班圖語的族群從今天的奈及利亞東部遷入剛果。他們已進入農業社會，掌握了熔鐵技術。他們砍伐樹木為刀耕火種農業開道，也為了煉鐵。他們大大改變了雨林的樣貌。㉞至於在亞馬遜流域，發生在一兩千年之前的變化更為顯著。似乎一種文明生活在亞馬遜流域的西端曾興盛一時。我用文明這個詞表明一種欣賞簡單明瞭的價值體系。在莽莽蒼蒼的雨林中發現了地上刻出的圖案，有方形、八邊形、圓形、長方形和橢圓形。有些深約二十英尺。早些時的推斷認為這是為了防禦。但因為沒有發現人類居住和務農的遺跡，現在這一假說已被推翻。這些幾何圖案也許用於宗教目的。如果真是如此，這只能是對太陽的崇拜，而非對植物和動物的崇拜。崇拜動植物是農民的典型之舉。他們生活在後來的年代，荷鋤務農，艱難度日。

亞馬遜考古學發現的另一顯著特點是對森林的重複砍伐。一種文明曾經興起又衰落，遺跡數次被森林掩沒。古代亞馬遜人不斷努力伐木清林，這說明他們沒有汲取前輩的教訓。或者是因為他們感到別無選擇，既然有機會開始重建文明的過程，他們無法抵禦這種誘惑？這證明同莽莽林海爭鬥，用簡明取代複雜，使光明照進黑暗是令人信服之舉，而不僅僅是近現代的偏離常軌。㉟

文明鼓勵個人出人頭地，他們的思想和行為得到認可，而且記錄在案。文字有助於這整個過程。起初宗教用文字管理祭拜，後來政府官員和商業管理者保留文字檔案並促進合作。當書寫最終為私人所用，他們不僅記載並詳述自己和他人的經歷。熱帶文明沒有留下記載個人觀點和思想的隻字片言。對於在哥倫布之前的亞馬遜文明中，個人如何看待自己的生活和世界，我們一無所知。會有人浪漫地渴望原始形態嗎？這個問題並不荒謬。可能人類天性中有一個規律，當文明達到一定程度，思古之幽情便會油然而生。

中國人曾夢想一個理想時代。這是他們浪漫化過去的方式。當儒家朝臣置身於帝國的清規戒律和雄壯瑰麗之中，開始感到厭倦，在道家的影響下，他們尋求回歸鄉村的質樸。但是中國人並不渴求本質和原始之物，對於野蠻人的生物性力量和野獸般的敏捷，他們從未頂禮膜拜。㊱歐洲的作家和藝術家卻是如此。厭倦於生活在叮噹作響的茶杯和雪白的陽傘中，他們到原始部落中尋找活力。其中一人是安德烈．紀德（André Gidé）。他於一九二五年動身到中非。他對那裡的體驗可謂恨愛交加。他喜愛黑人，喜愛「他們歡樂地顯示自己的肌肉和他們粗野的熱情。」他認為他們的歡樂「很可愛」，他們的笑聲「坦白開朗」。他看著他們像「鰻魚」一樣飛快地穿越水中。㊲紀德對非洲男人的描述使他們看來像美麗的動物。他仇視白人莊園主和商人剝削他們，正如同樣會——以我之見——憎惡將阿拉伯純種馬變作馱獸。

至於非洲景觀，紀德認為那裡的廣闊無邊和無始無終是對自我意識的威脅。些許陌生的自然令他所喜。但是「這種巨大無比，這種優柔寡斷，這種漫無方向，這種沒有計畫，這種毫無組織」卻擾人心緒。文化意味著偏愛。為什麼非洲人不製作標誌，標明「這是」最高的山峰，「那是」最湍急的河流，或者最輝煌的落日？但紀德逃到非洲，恰恰是因為他厭倦了歐洲對組織的嗜好。這種厭倦還矛盾地夾雜著一種對特立獨行的自豪。㊳

在所有關於剛果的小說中，約瑟夫·康拉德所著《黑暗之心》一書讀者最眾，研究者最多，影響最廣。此書初版於一八九九年。可能有人認為書名中「黑暗」一字在象徵意義上泛指非洲，特指剛果雨林。並非如此。黑暗的是人心。如果是這樣，為什麼故事發生在非洲？發生在剛果？其實小說中地理性描述不多。而當小說描述地理環境時，他用的往往是「光明」而非「黑暗」或「陰鬱」這樣的字眼。怎麼會這樣呢？一方面是因為故事大多發生在河上或是河邊。在正午的熱帶驕陽下，這些地方明亮炫目。在更深的層面上，「光明」和「黑暗」指的是心理和道德狀態。「光」或「白」並不總是代表好，反之，「暗」或「黑」並不總是代表壞。在康拉德筆下，不論我們的外表如何高雅白淨，「陰暗」的邪惡存在於人的內心。對他來說，溯剛果河而上也是一次逆時光之旅，不僅去發現純真無邪，也發現醜陋瘋狂。

沿著黑糊糊的，無法辨認的狂亂，汽船緩慢地奮力前行。一個原始人或是在詛咒我們，或是向我們祈禱，或是歡迎我們？沒人知道。我們完全無法辨認周圍的環境。我們像幽靈鬼怪一樣滑過，心中揣測，暗暗害怕，就像正常人身處瘋人院，置身於狂躁爆發之前。因為我們在遙遠古代的夜中旅行，我們無法想起。那些年代已然逝去，渺無蹤跡——也沒有留下記憶。

康拉德的代理人馬婁如何描述當地土著呢？「他們並非不是人類。他們嗥叫，跳躍，旋轉，扮出可怕的怪相；但令人震動的是一個念頭，是當你想到自己的遠親如此野性十足，熱情萬分地喧囂。真是醜陋。」㊴

尤其在結尾部分，《黑暗之心》一書不斷地使用光明與黑暗的兩極對比。㊵何物為善？何物屬於「光明」和「理性」的範疇？他將庫爾茨描述為好人。他才華出眾，希望將科學和進步帶給當地土著。但他也是一個成功的商業代理人，他搞到的象牙比所有人都多。要在這類行當中獲得成功，只有透過殘忍的剝削。而剝削，即使在開始時溫和適量，也只能結束於道德敗壞和死亡。或者有一種更深層意義上的腐敗——即抽象專斷的理性本身？在內地貿易站的叢林中，庫爾茨將所有公認的體面和真實置於腦後，他崩潰在邪惡之中。康拉德認為這種邪惡像冬眠的蛇一樣盤踞在我們所有人心中。

沙漠

雖然森林曾令人生畏，但森林也有好的一面——代表生命的豐饒與多種

格里．皮爾士，沙漠銅版蝕刻畫，圖片來源：wikimedia commons, ArizonaArt.

多樣。現在森林不再使人畏懼。我們將森林視為豐富物質生活的資源和煥發精神的美麗之物。森林受到保護，我們人類為森林的縮小而悲傷。而沙漠則完全不同。沙漠在擴大，在威脅農田。我們竭盡全力阻止這個進程。除了吸引遊客的小片純淨的白沙灘（例如新墨西哥州的白沙國家保護區），㊶沒有人談論保護沙漠。

在歷史上，人們如何看待和理解沙漠呢？西方文明起源於世界上最浩瀚沙漠的邊緣。古希臘人以對別地和別民族充滿好奇而著稱，後來時代的歐洲博學之士步其後塵。他們卻都一如既往地小視這片沙漠的浩瀚。就好像是希望對威脅他們生計的東西視而不見。這種誤解也來源於利比亞，這塊陸地的三個基本單元之一。在荷馬的影響下，自希羅多德（Herodotus）到斯特拉波（Strabo），這些希臘地理學家都將利比亞沙漠視為沃土，而且認為它遠比實際面積要小。這雙重錯誤互相影響，彼此支援。低估沙漠的另一個原因是古希臘有關氣候區的概念。氣候區依據溫度，而不是雨量而定。直到二十世紀中葉，比起地區的乾濕來說，科學考察遠為重視地區的冷暖。㊷

在基督宗教化之後的世紀中，地理學家因顯而易見的原因而不願承認沙漠的遼闊，其遼闊似乎有悖於神超人的智慧。即使到了十八世紀後期，像詹姆斯．赫頓（James Hutton）這樣的大師級科學家，只承認在地球表面存在兩塊乾旱地區，「位於下埃及和祕魯海岸上方窄窄的一塊。」㊸雖然探險家、商人和傳教士們在數個世紀以來對沙漠的確實面積已經瞭然於心，為了維護對神明智造物的信仰，他們對此一如既往地視而不見。

在隨意蔑視證據方面，自然神學家們並非獨一無二。在北美和澳洲大陸乾旱地區，探險者和早期定居者們的態度與此相同。確實，在北美，有關美國大沙漠的神話曾一度激發了某些東方作家的興趣。㊹但是在十九世紀下半葉，絕大多數美國人仍願意相信，在超過西經一〇〇度❹的所有地區都有可能發展農業。至於在澳大利亞，人們盡其可能，長久否認內陸是令人畏懼的乾地。到澳大利亞的探險家否認那裡是不可接近的不毛之地。相反，他們堅

❹譯註：從北極穿過北冰洋、北美大陸、太平洋、南極洲，達到南極。

持說，有條浩淼的大河流過澳洲大陸，或者說一片汪洋——一個內陸海——位於這片陸地的中心。㊺

對於那些靠耕種為生而且豐衣足食的人們來說，近在眼前的沙漠不能不具有負面形象。在靠農業為生的人中產生了一種善良相對於邪惡的二元論，這種信仰在拜火教（Zoroastrianism）中表現得最為強烈。拜火教將豐足定居的農業生活同沙漠遊牧部落的暴力劫掠相對立，前者追隨真理，後者尾隨謊言。㊻在中國的歷史著作中，一個屢屢出現的主題是農民與遊牧部落，文化和野蠻的衝突。中國詩詞在涉及乾曠草原和沙漠時，荒涼、憂鬱和死亡充斥字裡行間。在希伯來人的基督教《舊約》思想中，沙漠是片淒涼的荒野，是邪惡精靈的出沒之地，不在神的管轄之內。對沙漠的解釋之一是神對亞當的墮落感到憤怒，所以他詛咒沙漠（創世記 3: 17）。摩西（Moses）警告他的子民說，如果他們不遵守耶和華的戒律，「他們頭上的天要變為銅，腳下的地要變為鐵，他們天上的雨會變成沙塵。」（申命記 28: 23）。㊼直到一八四九年，辛普森（J. H. Simpson）中尉仍援引這一解釋。在穿越新墨西哥州西北部時，他注意到瘠薄的土地和許多印地安人遺跡。於是辛普森寫道，神一定是詛咒了這片土地，使之寸草不生，迫使居民們背井離鄉。㊽

人類不能只想反覆咀嚼肥田沃土上的食物，心滿意足地過日子。他們畢竟是神的子民，不是牲畜。他們有更崇高的使命。至少這是《聖經》的看法。《聖經》使沙漠具有了完全不同的目的和意義。西奈沙漠（The Sinai wastes）不僅代表混亂、黑暗和死亡，同時也具有超凡的力和救贖的愛。對於成為巴比倫囚徒前的先知們，他們將在沙漠中流浪的四十年解釋為以色列同神尤為接近的時期。在《新約》中，基督被遣入荒野，受撒旦的誘惑（馬太福音 4: 1），但同時他也退入荒野，靠近他的天父（馬可福音 1: 35）。基督的誘惑和重生都發生在山上（馬太福音 17: 1-3）。對沙漠矛盾的看法一直延續到早期基督教時代。從二世紀到四世紀，隱士們冒險進入埃及沙漠去磨練精神，他們和撒旦及其隨從野獸搏鬥，以此強健靈魂。但是隱士們也認為自己住在一個單純天真的伊甸園中。到洞穴中拜訪他們的動物生活於墮落之前，願意受人類支配和關照。㊾

聖徒傑羅姆（Saint Jerome, 347-420）寫道，「對我來說，城鎮是監獄，沙漠的孤獨是樂園。」在這種情緒背後是一種厭惡，不僅針對此世的排場鋪張，還針對教會自身日益更甚的世俗化。隱士們企圖擺脫凡俗之事和塵世之人，因為二者會成為干擾；如果不是阻止，也使他們很難對神冥思苦想——「赤裸裸的人對著赤裸裸的神。」㊿什麼是赤裸裸的神？對人類靈魂和神的一種慣用比喻是沙漠。艾克哈特大師（Meister Eckhart, 1260-1328）佈道說，「就自身和世間之物來說，要像沙漠一樣。從多重性達到聖父、聖子、聖靈三位一體的單一；然後超越三位一體達到『神性的瘠薄』，達到神性的沙漠。」㊿①

自十八世紀之後，追求沙漠的宗教性動機減弱或是消失了。什麼將其取而代之呢？厭世者是其中之一。厭惡普通人的微小需求、希望和關愛，所以厭世者們跑到棄絕生命的沙漠中尋求安慰。因此當諾曼·道格拉斯（Norman Douglas）第一眼看到突尼斯不毛的鹽鹼窪地時，因為「想到地球上至少有這一小塊地方永世無法開墾，不能被改造成可耕地甚至牧場，沒有種馬鈴薯之類的農人會入侵此地」，而鬆了一口氣。他附加說「這幅無可改造、寸草不生的永恆圖畫」具有某種「魅力」。[52]其他有名的冒險家和作家，諸如查理斯・道提（Charles Doughty）、勞倫斯（T. E. Lawrence）和溫福瑞・塞西格（Wilfred Thesiger）也表達了這種偏見。當塞西格有機會穿越阿拉伯的「空白之地」（Empty Quarter of Arabia）時，❺他興高采烈。他認為「在空曠的沙漠中我可以找到來自孤獨的安寧。」但是使他驚訝和失望的是，貝都因人（Bedouin）的帳篷和商隊不僅擁擠，而且異常吵鬧。好像他們用嘈雜聲可以填補虛空。[53]

正如塞西格以及後來的勞倫斯將會發現，阿拉伯人並不一定分享歐洲人的個人主義和對安靜獨處的渴望。但是這種迷惑是可以理解的。因為即使一片擁擠的綠洲，也是人性微粒對浩瀚天空和沙漠的抗衡。當阿拉伯人離開綠洲，進入像海洋一樣毫無人類印跡的荒漠之地時，情況更是如此。也可以認

❺譯註：即魯普哈利沙漠（the Rub’ al Khali）。

為十九世紀和二十世紀初的歐洲冒險家們是孜孜以求的浪漫主義者，因為他們尋求個人自由和救贖。但是始於個人的探求卻有辦法延續成為了國家的政治野心。或早或遲，現實政治戰勝了浪漫傳奇。勞倫斯可能是個例外。雖然他不得不看到阿拉伯人的利益在談判桌前消滅，他對阿拉伯人的事業熱情不減。

一九六二年，大衛．連（David Lean）拍攝了一部電影，講述勞倫斯的生平。如果根據這部大受喝采的影片，在描寫沙漠的眾多傳奇作家中，勞倫斯無疑聲名最盛。回首過去，即使在早年的生活中，勞倫斯已顯示出三種使之成為偶像的特性：苦行主義、對開闊地方的喜愛和騎士氣質。還是少年時，他已不僅對自己的智力，而且對體力要求極高，竭盡全力鍛練身體，以便能經受極端的艱難困苦。除了肌肉，他不喜歡肉體。世間俗物對他沒有吸引力。相反，這成為他活動——通向自由——的阻礙。剛滿二十歲，他就表達了對空曠之地的喜愛。當他母親慫恿他看到山嶽之美麗時，他在給母親的信中寫道：

妳錯了，親愛的媽媽。山可能雄偉，可能巍峨，「但是如果平和、安靜和純淨更好，**寧可能以平和的心態來看待一切**，❻如果這是最好的狀態，那麼平原是最好的家園：」在平原上最能體會到淨化的效果。在那裡，人可以安靜地坐下，思考任何事情，或是一無所思……〔在那裡〕人感覺事物和細微末節的微不足道，也感覺整體平和的偉大和連綿的均衡：我選擇一片沒有起伏的平原，伸展到目力所及之處。那裡有足夠的美麗使我滿足，也有平靜！㊹

注意「純淨」和「淨化」這些詞。沙漠淨化一切。勞倫斯厭惡生物。設想他在雨林中如何生存。對他來說，那會像是一口裝著腐爛生命和敗壞的大鍋，是黏稠顫動的一團。在鍋裡沒有個體——植物、動物或是人類——出人頭地。他的傑作《智慧七柱》（*Seven Pillars of Wisdom*）清楚地表明了對身體

❻譯註：古羅馬詩人和哲學家盧克萊修（Lucretius）之語。

的輕蔑。他寫道，「身體過於粗糙，無法最大限度地感受我們的憂傷和愉悅。我們因此像丟垃圾一樣將之丟棄。」除了生存所必需，他不吃多餘的食物。「這朵茉莉花、這片天鵝絨和這朵玫瑰」不為勞倫斯所愛。他渴望同阿拉伯朋友一起，吸入「這萬物中最甜蜜的氣息……這沙漠中輕舒空曠的，不打旋的風。」⑮

在阿拉伯歷險之後，為逃避聲譽，勞倫斯加入坦克軍團。但是在那裡他對男人們原始淫蕩的性慾極為反感，「這裡動物的臭氣使我在夜裡無法入睡，我害怕整個人類都像這樣。」但是貝都因人又如何呢？如果只是因為他能夠正視他的兩名童僕法拉傑和多德，他們瘦長的身體在潔白的沙中熱情而頑皮地糾纏，也說明對此他的判斷並不那麼苛刻。對法拉傑和多德，他使用了對其他人從未使用的讚美。他說，他們是「兩個陽光少年，世界的陰影還沒有落在他們身上——在我認識的人中，他們是最勇敢，最令人羨慕的。」⑯

勞倫斯不喜愛人類。他不會被尼采有關消滅污濁不潔，傳宗接代的芸芸眾生的思想所驚嚇：「需要一個新的、支配的物種——我們節制生育，在五十年間終結人類——為某種更清潔的哺乳動物留下一塊淨土。」㊼勞倫斯喜歡阿拉伯人，因為他們清潔；他崇拜他們，因為他們勇武、慷慨、能夠忍受痛苦。他希望成為他們中的一員。但是他可以寫出這樣的話，「對一個英國人來說，任紅種人驅使等於將自己賣給畜生。」㊽那麼，為什麼獻身於阿拉伯人的事業呢？答案可能在於他的理想主義，他對榮譽和騎士行為的熱愛，和他的基督教信仰。所有這些使他站在弱者一邊。還在學童時代，他為《亞瑟王之死》（*Le Morte d'Arthur*）和中世紀的宗教遠征所吸引；他為驍勇英雄——獅心王理查（Richard Coeur de Lion）和薩拉丁（Saladin）——所吸引，兩人是征戰的雙方。但是，同傳統的浪漫傳奇不同，勞倫斯的生命終結於理想的徹底破滅。如果終結於死亡，還屬於「浪漫主義」的範疇。但是徹底幻滅使勞倫斯的生活屬於現代領域。

是否只有與眾不同之輩在貧瘠之地發現慰藉與優點呢？是否這些與眾不同之輩以某種方式影響了整個社會？是否社會影響了他們？或者是否這種影

響是相互的？不論答案如何，在十九世紀和二十世紀前半葉，北美和澳大利亞乾燥的內陸開始廣受世人矚目，具有一種幾乎是虛幻的地位。在美國，邊疆和荒蕪不毛的內陸成為民族標誌，象徵強健勇敢的男子氣概和個人主義，在澳大利亞，代表強健勇敢的男子氣概和同志情誼。不論是何種解釋，都說明崛起了一種純淨與真誠的生活方式，和沿海城市中擁擠的公眾和未經同化的異國方式形成鮮明的對照。在這兩個國家中，對內陸的熱愛都摻雜著對女人的厭惡，都是對「軟性」文化和消費主義的憎惡，在廣義上，是對密集人類的厭惡。㊾

冰

很少有沙漠完全寸草不生。與此相反，大片浮冰和內陸冰原對人類生命毫不寬容地仇視。這裡浩瀚空茫一片。為什麼有人想到那裡去呢？關於極地探險的歷史和探險家的傳記表明，他們有各種各樣的動機。在十八世紀以前，探險的主要動力看來是經濟性的。探險者們力圖穿過世界屋脊，找出達

海軍將軍喬治・貝克，北極景色，畫面上的船可能是英國船「恐怖號」。圖片來源：wikimedia commos.

到香料產地的通道。長此以往，人們相信在最北部一定存在類似於最南部麥哲倫海峽（The Strait of Magellan）那樣一條海道，因此不斷的嘗試似乎順理成章。但是到了十八世紀末，人們不得不放棄這個想法。即便存在一條西北通道，它也不具有任何商業價值。⑥⓪自此之後，對格陵蘭、北極和南極區進行探險旅行的理由，往往宣布為科學考察。必須為地理學效力。只要還有尚未記錄在案的地方，科學家們應冒生命之險，去探索和記錄這些地方。

經濟理由是不言自明的。但是即使如此，人們可能還是覺得奇怪，為什麼要花費如此巨大的努力，只為了得到像印度香料這類無足輕重的東西。至於像自豪、自負和愛國主義，我們接受這類理由只因為我們是西方文明的一部分。對於其他文明的人來說，極地冒險似乎純粹是發瘋。一定有巨大的動力，人們才可能這樣不顧一切。是的，巨大的動力，但是何種「動力」呢？如果是軍事、政治或者經濟動力，我們可以理解。但可能僅僅是一種美學思想嗎？看來可能，只要這種思想符合流行的時代精神（*Zeitgeist*）。在十八世紀，這是有關崇高卓越的思想。雖然這一思想在一七五七年由艾德蒙·伯克

（Edmund Burke）所表述，它根植於古典文明。什麼是崇高卓越呢？這同美麗有共同之處，但卻並不意味著秩序與和諧，並不總是使人愉悅。崇高卓越確實可以激起相反的情緒，使人被巨大、混亂，甚至於醜陋所壓倒，使人欣喜若狂到痛苦，使人精力充沛到渴望死亡。古典的崇高卓越之後尾隨著浪漫主義和哥德式崇高卓越。第一種在十八世紀廣為流行，另一種流行於較後的時期。同哥德式傳奇相同，極地探險的故事可能以瘋狂和同類相食收尾。[61]

在所有極地探險家中，挪威人弗里喬夫・南森（Fridtjof Nansen, 1861-1930）和美國人理查・博多（Richard E. Byrd, 1888-1957）最具反省意識和哲學思考。他們留給後人的不僅有科學觀察，對偉大探險和超人耐力的紀錄，還有對自然、宇宙和生活意義的反思。兩位探險家似乎都相信，當生命被冰環繞，而不是被書本環繞時，才可能產生最深刻的意義。

南森是個學有所成的海洋生物學家、外交家和人道主義者。但是，他最歷久不衰的聲譽在於他的探險成就。他有兩次遠征尤為著名。第一次發生在一八八八年，他同五位同伴一道，成功地穿越格陵蘭的冰原。第二次遠比第一次雄心勃勃。他企圖乘坐他的佛拉姆號船漂過北極灣，到達極地。當他意識到浮冰不能將佛拉姆號一直送到北極時，他棄船而去（一八九五年三月十四日），同僅僅一位同伴喬安森一起，他們試圖走到目的地。他們到達了北緯八十六度十四分，迄那時為止人類所到達的最北點。然後因凹凸不平、無法穿越的冰面不得不放棄前行。他們重返文明的旅途本身就是一首英雄傳奇，是大膽的絕技表演：他們步行向南穿過移動的浮冰，遇到開闊水面時划獨木舟，到達法蘭士・約瑟夫地群島（Franz Josef Land）過冬（1895-96），最終被英國的探險隊隊員們搭救。㊷

雖然他未能到達北極，南森在國際上廣受讚譽。人們認為遠征是成功的。首先，無人失蹤喪命（在奧托・斯維爾魯普的指揮下，佛拉姆號安全歸來）。其次，關於北冰洋地理學和海洋學的方方面面，探險家們搜集了連篇累牘的科學資料，告訴世人一個事實，即北極灣被一層厚實的冰殼覆蓋。南森有科學才能，他的科學事業能夠取得成就。但是他一定想過，是否科學是推動自己遠征的真正動力。以他滑雪穿越格陵蘭冰原為例。記者們傾向於將其視為大膽的壯舉或者是一種體育活動，因為他使用滑雪板。南森選擇用結果來證明遠征的價值，即為科學做出了貢獻。但正如他的夢境所指出，他也有一些疑惑。一八八八年，當他漂浮在格陵蘭海岸大塊浮冰上時，「他夢到自己在穿越內陸冰原後回到家，卻感到羞愧，因為自己無法講述在途中的所見所聞。」另一次，在一八九四年一月十八日，當佛拉姆號漂向北極時，他夢到在成功地完成旅行後，他回到挪威，卻意識到自己面臨同樣的情景：「他沒有如實記下所見所聞。當人們問他到哪裡去了，他無以作答。」63

人們可能以為，渴望極大風險的靈魂對家不會夢魂縈繞。但是，這兩種情緒不可分割。根據一種觀點，家是冒險家們必不可少的安全基地和出發點。根據另外一種觀點，在未知之地的歷險會使人誇大家園的美好。不論根據何種觀點，南森的書寫中流露出對家的強烈感情，其程度令人吃驚。與他描述非比尋常的困苦時所用的，鋒芒畢露的散文相比，他對家的感情可能被認為故作多情。

我最後一次離開家，獨自順著花園下到海灘。在海邊佛拉姆號的小汽油摩托艇毫無憐憫地等待著我。在身後是我生活中所有的珍貴之物。在前方會發生什麼？在我重見這一切之前，多少年將會過去？只要能夠回頭，在那一刻我有什麼不能付出；上面小麗芙正坐在窗前拍手。64

當南森和喬安森在法蘭士・約瑟夫地群島過冬時，在簡陋的小棚屋中，南森思念家中的妻女。他在日記中（一八九五年十二月十九日）寫道：

在冬夜她坐在燈旁縫補。她身邊站著一個金髮藍眼的小女孩，她在玩洋娃娃。她溫柔地望著孩子，撫摸她的頭髮。她的眼睛濕潤了，沉重的眼淚落在織物上……喬安森睡在我身邊，他在睡中微笑。可憐的孩子，我想他夢到在家中同他所愛的人一起過耶誕節。65

營地是遠離家鄉的家。當營地內外形成鮮明對比時，這種感覺似乎變得更為強烈。裡面是熟悉之物和溫馨之感，外面是漠不關心或者充滿敵意的冰雪。有關他在格陵蘭島的家庭生活，南森寫道：

不論日子多麼苦，不論我們如何筋疲力盡，不論多麼寒氣逼人，當我們圍坐在鍋子旁，盯著燈盞發出的昏暗光線，耐心地等著我們的晚飯時，我們忘記了一切。確實，當回首往事，我不知道我生活中有多少時辰比這更加愉快。當湯、燉菜或不論任何食物煮好了，當把食物分給每人一份，當剩下的小蠟燭被點亮，使我們能看見食物，我們的幸福達到頂點。我肯定大家都同意這樣的日子彌足珍貴。㊿

英國南極探險家歐尼斯特・薛克頓（Ernest Shackleton, 1874-1922）同南森一樣，對家滿懷依戀之情。不過對於他留在身後的人來說，如果這不是有點兒虛偽，也似乎令人困惑。「毫無憐憫地」等待著將南森送上船的小摩托艇聽從他的意願停在那裡：沒有外部因素主宰他離家的行動。當薛克頓於一九〇七年出發到南極探險時，他似乎被同樣的言不由衷或者虛假的意識控制。他寫信給妻子表達他的歉疚之情，好像他別無選擇。

> 我親愛的妻子，妳勇敢可愛的面龐現在就在我面前，我能看到妳，就好像妳站在碼頭上對我微笑。我說不出話，因為我的心太滿漲。我感到我只想返回岸邊，用雙臂擁妳入懷，愛妳並看護妳。㊼

同南森一樣，薛克頓強烈地依戀他的臨時棲身之所。他於一九〇八年十月二十九日寫道：

> 在我們離開舒適地住了那麼多個月的小屋時，我們深感遺憾……

裡面很黑。同外面的陽光相比，乙炔燈光線微弱。同一般居所相比，屋子很小。但我們對離開感到難過。昨晚當我們坐下吃晚飯時，夕陽穿過通氣孔，光暈照在女王像上。(68)

南森對大自然的壯麗反應敏銳。關於北極光他寫道：「不論我們多麼經常地看到這種光的奇怪遊戲，我們毫不厭倦地凝視著；它似乎對人的視覺和感官使用了魔咒，使人無法擺脫。」北方神話加強了咒語的力量。「這是火焰巨人蘇特（Surt）本人嗎？他在撥動巨大的銀色豎琴嗎？所以琴弦抖動，在火的國度的熊熊烈焰中，火花閃耀？」但當南森只是記錄事件，而不是力圖描述風景時，這些段落或許留下更有力的證據，表明他的浪漫氣質和對大自然的熱愛。在月光下乘雪橇駛過格陵蘭冰原是個例子。南森寫道：「看著一對雪橇從後面疾駛而來，上面方形的維京式帆❼在白色雪原和後面月亮碩

❼譯註：自西元七九〇年到諾曼人征服英格蘭的一〇六六年，在斯堪地納維亞歷史上稱為維京時代。

大圓盤的襯托下顯出暗黑色，對我來說，這是奇妙的景色。」[69]

有個時期，南森自稱無神論者；而後又成為不可知論者。他不相信神的存在，也不相信來世。如果生活有意義的話，那便是用自己的能力造福於後代。並不滿足於懷有高尚的感情，他不斷嘗試將這種感情轉化為卓有成效的人道主義行動。雖然表面看來在各方面都非常成功，在不從事緊張的極地遠征時，他受到憂鬱症的困擾。即使當他來到極地，在見到閃閃發光的冰原之美時，他也看到死亡。冰雪和死亡在他腦中相依相伴。他的兩卷本著作名為《極北之地》（*Farthest North*）。書的開卷語寫道：「自從天地之開，在潔白無瑕的冰雪覆蓋下，嚴酷的北極地區死亡一樣沉睡不醒，未被發現，人跡罕至。」一時間本身似乎也凍僵了。他繼續寫道：

> 歲月來了又去了，無人注意。在沉默的自然中什麼重要的事也沒有發生。在凍僵的夜裡，除了星星閃爍在極其遙遠的地方，除了北極光忽隱忽現的光采，一無所見。我勉強能分辨出近旁佛拉姆

號模糊的輪廓，隱隱突出在淒涼的昏黑中。像一塊極小的斑點，
這船似乎隱沒在死亡國度無邊的廣闊中。⑦⓪

南森在法蘭士·約瑟夫地群島度過的冬天既令人厭倦又毫不舒適。他病態的思想產生了白色、寒冷、大理石，和沉寂的影像。他在一八九五年十二月一日的日記中寫道：

一種沒有感情的，詭祕的美，好像是個用閃亮的白色大理石造的死亡的行星。所以群山必須整齊地立在那裡，凍僵而冰冷；所以湖泊必須在積雪的覆蓋下凝固不動；月亮一如既往，沿著她沒有盡頭的軌道，靜默地，緩慢地，航行在沒有生命的天際。一切都靜寂無聲，極端地靜寂無聲，當地球又變得荒涼而空曠時，在某一天沉寂會主宰一切。⑦①

當理查．博多出生時，正是弗里喬夫．南森航行穿越格陵蘭內陸冰原的那一年。這位美國人和挪威人因此有一代之隔。一個日後高踞海軍將軍之位，另一個是大使和國務活動家。二者均是社會成功人士和極地探險家。他們同早期探險家的區別在於他們的現代願望，他們旅行不僅是去發現地理上的未知之地，也是發現自我。二人均撰寫了著作。南森的著作如前所引，博多的書名為《孤獨一人》（*Alone*），即將出版。他在書中敘述了自己在南極羅斯冰架（Ross Ice Shelf of Antarctica）度過的四個半月（1934），具有永恆的文學價值。為什麼他會到那裡去？為什麼他要在南緯八十度〇八分處過冬？科學研究當然是此行的目的，但對他來說，更重要的是個人原因。他想「隻身獨處一段時間，品嘗平和、安靜和孤獨，想發現這種狀態的確實益處。」⑫在前沿基地，有形的孤獨是絕對的：「不論朝何方望去，北方，東方，南方，或是西方，遠景一模一樣，扇形延伸的冰同地平線相連。沒有特殊的原因，小木屋朝西。」折磨人的體驗出現了。但最壞的是在病了一段時間之後，絕望之感襲來。自我懷疑折磨著他：「我去那裡尋找平和與覺醒，……

（此外）我用科學考察來證明此行的目的。現在我看到這兩種感覺的真面目了：第一種是幻覺，第二種是一條走不通的街道。」⑬他的思緒飄到他的家庭，使他得出如下結論：

不論是誰，到頭來對一個男人來說，真正要緊的只有兩樣東西。這是家庭對他的關愛和理解。他創建的其他任何東西和一切東西都不重要；這都是船隻，完全受風的支配，也受偏見潮汐的控制。但是家卻是永遠不變的停泊地，是平靜的港灣。男人的船隻可以停在那裡，依靠自豪與忠誠的支援。⑭

因此博多同南森和薛克頓一樣，向家庭和家尋求安慰。浪漫主義的探求是抽象的、精神性的，虛無縹緲的美學滿足。相對於這種探求，家庭、家和社區——對善的形象具體，腳踏實地的體驗——是停泊地，是穩定之源。家代表生活。那麼浪漫主義的探尋代表什麼呢？不論是什麼，反正不是弄皺的床單或者剛出爐麵包的香氣。是否它會是——在一定程度上——死亡的誘惑？

在北極，南森的思緒縈繞於死亡。這不是在他面臨絕望或危險的瞬間，而是當他可以喘息，當他面對無垠冰原的時刻。博多比南森樂觀。但即使他的描述也帶有葬禮的音調。例如，他將霧中的冰山比作「被擊潰的冰的艦隊，遠比世上所有的海軍都要龐大，毫無希望地在霧氣的黑暗中（遊蕩）。」在另一處，他對前沿基地消失不見的太陽評論如下：「即使是正午時分，太陽也只升到地平線以上幾個日頭的高度，陽光冷而呆滯。在最明亮的時候，光線還不足以投下陰影。葬禮般的幽暗瀰漫在微光籠罩的天際。這是生命與死亡之間的中間期。這是世界末日在最後一個人眼中將呈現的樣子。」⑮

對於南森，極地美麗並不一定給人安慰；但對於博多，極地是天人合一的入口。在博多日記的段落中，屢次三番地傳達安寧與和諧的資訊。

天光正在逝去，黑夜來臨——但是變化極為平和。這是宇宙不可估量的過程和力量，和諧無聲。這是和諧一致！這是產生於沉寂之中的——一種柔和的韻律，完美韻律的曲調，在這瞬間是我本人，我是它的一部分。在那瞬間我對天人合一毫不懷疑。⑯

在五月十一日午夜，當博多正在播放貝多芬第五交響樂的錄音時，他戲劇性地表達了這種同宇宙融為一體的感覺：

夜平靜而清澈。我把小屋的門和活動天窗打開，站在黑暗中四望，看著我喜歡的星群。當時我開始產生幻覺，感到我眼中所見即是耳中所聽。音樂似乎如此完美地同空中的變化交織在一起。當音符加強，地平線上幽暗的極光跳動，活躍，成弓形和扇形射線懸掛，穿過空中，一直到達我的頭頂，在那裡絢麗漸漸達到高潮。音樂同夜色合二而一；我告訴自己，所有美麗都是相似之

物，都源於相同的本質。我想起勇敢無私的行為，它同音樂和極光具有相同的本質。⑺

※

我討論了兩種極端的環境：沙漠和冰原。在西方人的體驗中，二者有何不同，又有何相似呢？主要的不同在於，沙漠有綠洲，誘人前往。冰原卻沒有這樣的誘惑。沙漠有豐富的歷史冰原卻沒有。

自十八世紀以來，由於那裡的遺跡、墓葬中的人工製品和文字記載的歷史，學者們對埃及和近東興趣盎然。而冰原基本上只吸引了科學家，這只是發生在二十世紀。在性情氣質上，那些冒險進入沙漠的人似乎同冰原探險家有所不同。前者比後者更自給自足，更專注自我。道提、勞倫斯和塞西格這樣的探險家不僅棄絕了自己肥沃的家園，而且拋棄了自己的人民和文化。對於他們來說，家不是感情的源泉，愛國主義和國旗不是奮進的力量。與此相反，極地探險家們結成緊密的隊伍出發遠征。從後方基地，如果他們並不總是得到有力的財政援助，也得到強大的道義支持。

博多確實隻身前往。但這只是在有形的意義上。他在前沿基地逗留的整個期間，都用無線電和留在小美國的隊友保持聯絡。最後還要提及極地探險家們對家的依戀之感。儘管他們渴望到極地去，他們始終為自己的國家和文化感到自豪。

為什麼在沙漠探險家和冰原探險家之間存在這種區別呢？是否因為不論沙漠如何荒涼，總有綠洲和泉眼，可以維持一種生活方式——一種移動和遷徙的生活——比家中所知的任何一種生活都更加自由，不被物質和社會約束所牽累？冰原遠不如沙漠那樣與人方便。儘管存在視覺上的絢麗，冰原毫不通融地仇視人類的一切永久性定居。面對那樣的敵意，冰原的對立物——熟悉的家——便具有了虛幻的吸引力。

沙漠和冰原都光禿瘠薄，這是經常提到的事實。但是它們還有其他兩個共同點，不太為人提及。其一是文化和自然之間鮮明的界限。在沙漠中，綠洲向黃沙的過渡突如其來，幾乎沒有緩衝的餘地。在冰原上，二者的界限更為鮮明尖銳。在營地裡是溫馨的家。走出門立刻是冰的世界，是死亡的威脅。

第二個特點是，沙漠和冰原同樣滿足人們對精神昇華的渴望。我們知道在二、三世紀時，有修士為此目的到沙漠去。但是有人為同樣的目的到冷凍之國去嗎？在八世紀時有幾個修士顯然這樣做了。他們最遠到達冰島。在現代的世俗世界中，我提到南森和博多具有精神和美學上的渴求。這樣的渴求需要喪失對自我的意識；因為沙漠和冰原仇視人類，闊大無垠，所以恰恰鼓勵這種精神。

探險家們經受極大的艱難困苦。為什麼要置身於困苦之中呢？在公眾場合他們給出經濟或科學方面的理由，而不是似乎違背常理的原因；實際上，雖然探險家們充滿活力，他們在某種程度上迷戀死亡。當颼颼風聲歸於完全的寂靜，是否筋疲力盡的探險家們聽到了「死亡之戀」（Liebstod）❽垂死的音符呢？

---

❽譯註：〈死亡之戀〉是德國作曲家華格納在一八五九年所作的歌劇《崔斯坦和伊索德》（*Tristan und Isolde*）中終曲的題目。

插曲：豐饒美滿但卻平淡無奇

在〈創世記〉中，神在將光同黑暗分離之後，把水聚在一起，露出旱地。在旱地上，神「在東方的伊甸種了一塊園子」。然後祂成了天上的園丁，「使各樣的樹從地裡長出來，可以悅人的眼目，其上的果子好作食物……有河從伊甸流出來滋潤那園子。」神也造成野地上各樣走獸。亞當被安置在那裡掌管走獸，「修理」和「看守」園子。亞當並非無所事事，但是工作十分清閒。園中的氣氛隨意而不拘禮節。當「天起了涼風」，天上的園丁漫步在祂造成的園子中（創世記 3：8）。

伊甸園是一種豐饒生活的原型——雖然並不激動人心，但這是人類想過的日子。古代蘇美人（Sumerian）想要什麼？「財富和佔有，豐饒的收穫，充盈的糧倉，欄裡圈中滿是大小牲畜，在平原上狩獵，滿載而歸，在海中捕魚，滿網肥魚。」①這些願望都很重要——確實打動人心——正是因為它們完全在人意料之中，非常平淡無奇。至於古希臘人，他們是好水手。但是比起「像葡萄酒那樣發暗」的海洋來，他們卻更喜歡農莊和果園。古希臘人將海稱為繼母。務農生活的好處在哪裡呢？在《工作和歲月》（*Works and Days*，西元前七世紀）一書中，赫希厄德（Hesiod）認為是與田土親密的接觸，是季節性的週期，是連綿不斷和穩定不變，是一起栽種和收穫時人們的互助。在更具體的層面上，是大自然贈予人類的感官享受：鳴叫的蟋蟀、夏天的炎熱、新鮮的山羊奶、涼爽的微風和樹蔭。在飽餐一頓之後，人們躺在樹下乘涼。自那時以來，變化不大。莎士比亞有關美滿生活或者「生活之常規」的見解是「平和的日子，美秀的兒女，和綿綿的生命」（《暴風雨》〔*Tempest*〕）。在劇中，精靈朱諾重複這種觀念說，「富貴尊榮，美滿良姻，百年偕老，子孫盈庭。」②

沒有人反叛嗎？沒有浪漫氣質的人要求更多嗎？當然有人反叛，但是反叛者的存在只有在現代才引人注目。我講述兩位反叛者。二者均出自文學作品。我引用文學作品是因為在文學中，熱情表達得最淋漓盡致。在尚．阿奴伊（Jean Anouilh）的舞台劇《安蒂岡尼》（*Antigone*, 1944）中，克里昂勸告他難以管束的姪女說，「生活是個在你腳邊玩耍的孩子，是你手中緊抓不放的工具，是你傍晚在園子裡坐的長凳。相信我，在我們遲暮之年，唯一可憐的慰籍是發現我告訴你的都是事實。」聽來完全令人理解。除了這些實在可靠、可愛可親的具體細節，還有別的什麼嗎？對它們置之不理，去追求虛無縹緲的東西嗎？到頭來得到的——只能是虛無縹緲。但是安蒂岡尼對她的叔父蠻橫無理：「我唾棄你的幸福！我唾棄你對生活的看法。」

第二個例子引自阿諾德．威斯克（Arnold Wesker）的舞台劇《根》（*Roots*, 1967）。劇中一個年輕的女人貝蒂希望尋找自己的根，並希望她的家庭幫助她。但是她所謂的根是什麼意思呢？她畢竟不是飄泊在難以辨認的都市中。她的家是農場工人，家庭保留著與農莊的聯繫，保留著當地習俗。在同她的母親吵架時，貝蒂叫道：

神在天上，母親，妳生活在這個國家，可是妳沒有尊嚴氣派，沒有，沒有。妳生活在綠色的田野裡，妳種花，妳呼吸新鮮空氣，但是妳沒有尊嚴氣派。妳的腦子亂七八糟，空洞無物，妳對世界漠不關心。妳給我的是什麼樣的生活啊？

威斯克的女主角琢磨思索的是，有根並不僅僅意味著留在原地，瞭解自己的家族，而是擴展自己的所知所想。有根意味著不僅知道自己的家庭所做的，而且瞭解人類的貢獻。在綠色的田野中呼吸新鮮空氣對於母牛來說足夠了，但是對於人類來說是不夠的。對她肯定不夠。貝蒂想要她稱之為「尊嚴氣派」的東西——一種生活同她人類的身分相配。

第三章

城市

The City

城市有尊嚴氣派，因為它盡可能地脫離大地，擺脫大地的束縛。城市起源於人類的努力，力圖將天上的秩序和尊嚴氣派搬到地上。在發展的過程中，城市斬斷自己與農業之根的聯繫，使冬天文明化，將黑夜變成白日，為發展人類大腦而訓練身體感官。人類成就了所有這一切，所以在城市可以體驗到高度和深度——簡言之，體驗到卓越崇高。

將天庭搬到地上

在歷史上，城市的起源——不是由市場擴展的城鎮——同祭司權術和王權的興起，以及所伴隨的大型祭祀中心的興起，密切相關。和新石器時代不同，這些祭祀中心不再朝下，對著地上的神明，而是面向空中，朝著太陽、月亮、星球，和空中其他顯聖之物。隨著祭祀中心以及後來城市的發展，人類的眼界超出當地和瞬間，轉向宇宙及其有規律的循環運動。不僅如此，僧侶和王侯認為自己可以在天與地之間協調溝通，用前者的穩定有序來改變後者混亂的傾向。就形狀來說，這些城市為長方形，四角對著四個基本點，諸如杜爾舍魯金（Dur Sharrukin, 721-705 BCE）❶和波爾息帕（Borsippa, 604-561 BCE），❷或者四面城牆朝向四個基本點，例如歷史上的中國城市。

宇宙城市是什麼樣的，它如何超越了生物和地球的限制呢？因為對中國宇宙城市所知最多，我以中國城市為例加以說明。在《周禮》（《禮記》，西元前二世紀）中對城市的理想規劃有所簡述：「匠人營國，方九里，旁三門。國中九經九緯，經塗九軌，左祖右社，面朝後市，市朝一夫。」①在城市中心的大殿裡，皇帝高踞寶座之上。中心並不只說明平面位置，還意味著高於眾人。皇帝面南，俯視著主要的南北大道（地球中軸線）上的人類社會。

這並不只是個子虛烏有的夢想。在西元五八九年，當中國重歸一統之後，隋朝的開國君主決定按照古代規劃修建都城長安。這項創舉決定將城市

❶譯註：意為撒爾貢的堡壘，為亞述統治時期撒爾貢二世的國都，位於現伊拉克。

❷譯註：為蘇美人的城市，位於現伊拉克南部。

建於空曠平坦之地。這意味著必須削平山峰，使河流改道，搬遷村莊，意味著抹去所有標誌著地球及其謙卑生活形式的跡象。天文學家們日繼一日，在正午測量陽光投下的陰影，在夜間觀察北極星，以便安排四面城牆，使之精確地朝向四個方位。每面城牆有三座城門，代表一年的三個月份。宮殿和朝廷的正門朝南，稱為朱雀門，象徵太陽能和陽氣。東牆的正門稱為春明門，是旭日東昇的方向，當冬日的黑暗和寒冷逝去後，新春的暖意從那裡升起。沿南牆的正門叫丹鳳門，意味著夏日炎炎和正午驕陽。沿西牆的正門稱為白虎門，是夕陽西下和落葉飄零的地方，標誌著死亡臨近的秋季。北牆的正門叫做冬眠之蛇，是黑暗和寒冷之地。如前所述，皇帝面南而坐，俯視天下眾生。當皇帝召見群臣時，文官從東門進宮，武官從西門入宮。皇帝背對北面。北面為褻瀆神明之處，應是集市的所在地。②

如果一個村民走進長安城，他會看到什麼？他會瞭解到什麼？他的世界觀會有怎樣的變化呢？我之所以問，是因為如果他敏銳而且不囿於成見，他會同歷史上所有前近代時期的人一樣，大開眼界。他的世界會從鄉村過渡到城市，從小型過渡到規模宏大，從一種日復一日、無憂無慮的日子，變為一種複雜、變化、緊張的生活。

例如，當一個旅人從主城門走進唐朝都城長安，面對一百萬左右的眾多居民，他會不知所措。這不僅是因為人口眾多，更因為種族各異。外族人不僅包括通常來自南方的阿拉伯人、波斯人和印度人，還有北地和西部的異族：土耳其人、維吾爾人、吐火羅人（Tocharian）、粟特人（Sogdian）、敘利亞人、韃靼人和西藏人。在鼎盛時期，不少於兩千外國商社在城內經商。當然，並不是所有外族人都為經商而來，很多是被長安的文化所吸引。例如在七世紀末，當時的最高學府國子監誇耀說有學生八千，其中半數為漢人，另外一半是韓國人、日本人、西藏人和中亞其他國家的學生。換言之，這個旅人會發現自己置身於一個世界都市中。③

在這裡，世界主義的含義與以前所述完全不同。在以前的討論中，這是模仿所理解的宇宙秩序，是一種井然有序的幾何規劃。對一個鄉下人，這兩種含義都新奇而大開眼界。在一方面，這人見到的是五光十色的眾多人口，在另一方面，是幾何形狀的嚴整都市佈局，是筆直的街道和壯觀的建築。逐漸地，此人對神明的感覺也會發生變化，從地方轉變為空間，從對特定神聖之地轉化為對空間神聖的感受，前者是諸如一棵樹、一口井、一個特別的街角；後者由基本點和春、夏、秋、冬四季循環來界定。

斬斷與農業的紐帶

我爭論說，浪漫主義者強烈要求超越常規，超越自然，超越必需之物。對於人類來說，沒有任何事情比獲取食物更自然，更不可或缺。獲取食物的形式之一是農業。就城市與農業相脫離來說，城市是浪漫主義的。也許這不是明智之舉，但是浪漫傳奇從來就不合常理。以下我簡述城市與農業分離的歷史。在古代美索布達米亞（Mesopotamia）和古代中國，這個過程幾乎尚未開始。不過在那時候，人們並不認為城市是貿易活躍的發達地區。人們認為城市是宇宙——秩序井然而又包羅萬象之地。出於必要，城市將農場和村莊包括在內。

在蘇美人和阿卡德人的語言中，城市和村莊同為一詞。在蘇美語中❸都叫 *uru*，在阿卡德語（Akkadian）中❹是 *alu*。人們總是操心食物的供給。為此原因，在一個典型的蘇美城市中，緊鄰發達的中心，是一個圍起的地區，內有農莊、牲畜欄、田地和菜園。④

傳統的中國城市令人驚訝地類似鄉村。漢朝都城長安是個很好的例子。長安分為一百六十個區或是「里」。「里」現在是測量距離的單位，那時意為「村」或「小村莊」。用「里」這個詞，說明漢代的長安遠非屋宇重疊，城牆之內大片地方還是開闊的鄉村。數百年之後，長安仍是都城，此時是唐代帝國的都城。基本的格局更遵循幾何圖形。寬敞的街道構成線條筆直的格子，令人讚嘆，但是街道只佔城牆內百分之十九的地區。在城南，有三分之

---

❸譯註：蘇美文化被認為是最早的城市文明之一，存在於銅器時代和青銅時代，位於古代美索布達米亞，即今天的伊拉克南部。

❹譯註：阿卡德人屬於閃米特人之一部，於美索布達米亞及臨近地區建立阿卡德帝國，帝國在西元前二二四至二二二年達到頂峰。

一的地方是農田和一個公園。當然，需要時間使居民和商業佔據空間。但這並不是大片城區仍為鄉村的原因。意識到尤其在危機時期，長安對食物供給的需求，西元九三二年，朝廷發佈敕令，禁止在某些地區破土修建。⑤我所說的情形並不僅僅存在於遙遠的古代。直到一九二〇年代，任何人從側門走進一座中國城市，不僅會看到店鋪節次鱗比的繁忙街道，還會看到農田、供應市場的菜園和養鴨的池塘。

中世紀歐洲的城市遠比同時代的中國城市要小。形狀特徵也與之不同，典型的歐洲城市狀如海星。教堂、市政廳和集市廣場位於市鎮中心，從那裡商店和房屋林立的街道輻射開來，街道中間的三角形開闊地上是農莊和果園。海星狀的城市歷久不衰，甚至在十九世紀中期還可以見到。⑥至於農業的重要性，可以用科布倫茨（Koblenz）作為例證。

在十三世紀下半葉的科布倫茨，由於缺少人手，在收穫季節時必須停下修建城牆的工作；一三八七年，法蘭克福市雇了四個牧人和六個農田守護人。直到十五世紀，還通過了一條嚴厲的法令，禁止豬在城中街道上亂跑。很多證據表明，即使是在最大的城市中，務農的居民為數不少。除了製造業和商業，畜牧業和種菜園是常見的工作；養牲畜的人有自己的地盤，位於剛出城門的地方，還有城裡最靠近城牆的地方。⑦

莎士比亞時代的倫敦佔地約一平方英里，有人口十萬。這是一個可愛的鄉村市鎮，在擁擠的街道近旁有很多菜園和寬廣的綠地。甚至在市中心，嘰喳的鳥叫和野花也使倫敦人同大自然似乎近在咫尺。在海峽對面，十八世紀末時，很多巴黎人仍然從事鄉村職業，為市場打理菜園和飼養兔子。理查・科布（Richard Cobb）寫道：「在大革命時的巴黎，雞像樓上的金絲雀一樣安逸自在，常有報告打給人民委員，說花盆掉下閣樓。街上各種動物成群結隊，領頭的是鄉村的牲畜。」⑧

在工業革命以前，城市中的鄉村景象毫不令人奇怪。但是在十九世紀，在已經工業化的城市中又如何呢？根據英國改革家和小說家們（尤其是查理斯・狄更斯〔Charles Dickens〕）的描述，這裡到處是混亂延伸、擁擠不堪的公寓，被工業污穢半遮半掩，鄉村活動已渺無蹤跡。這幅流行的圖畫誤導讀者。根據戴奧斯（H. J. Dyos）和麥克爾・伍爾夫（Michael Wolff）所述，

在十九世紀，沒有任何英國城市斬斷了與鄉村的聯繫。在最大的城市裡，居民們仍在後院大量從事農業活動。不僅在肥皂箱造的雞籠中養著半打左右母雞，而且在高處和低處，在住處內和住處外，在街頭和街區外，在基本的工廠和務農活動可以共存的所有地方，牛欄、羊舍和豬圈隨處可見。⑨

隨著人口的持續增長，開闊地不斷縮小。城市對人滿為患的解決辦法是分配土地。在城界內或城界外劃出小片土地，供居民在週末栽種蔬菜和花卉。伯明罕在十九世紀初開始實行這一舉措。⑩其他英國和歐洲城市尾隨其

後。在德國，土地分配開始於一八七〇年代，持續一個世紀之久。這個運動頗得人心，很快，小農場環繞的城鎮在德國隨處可見。⑪至於在北美國家，大都市的中心地區完全充斥著人造之物。登高遠望，目力所及之處全是建築物、街道和停車場。有個學者在知名雜誌《科學》上撰文，甚至提議說像洛杉磯這樣的城市，既然居民同大自然毫無關聯，樹木可以用塑膠製作。⑫

但是接觸自然的需求不可能消失。在公園漫步不足以滿足這一需求。所需要的是切實直接的接觸，就像幹農活兒那樣。但是到哪裡去呢？在哪裡可以找到土地呢？紐約人的解決辦法是屋頂園地。在一九五〇年代，數千名紐約人——有富有窮——揮舞著袖珍耙子和鋤頭耕種他們聳入天際的田地。《紐約時代》雜誌在一九五八年報導說，知識最廣博的屋頂農民是個園藝欄的自由撰稿人：「他住在列剋星屯大道一三九四號，靠近九十二街，他在十一樓頂種了兩千多株植物，包括無花果、香蕉、草莓、桃子和櫻桃。他用落葉和廚房剩餘物堆肥，保持土壤肥沃。」⑬

這是我們這個時代出現的第一波都市農業，其興起是由於信奉當地出產的、安全美味的食物。這種信奉源於興起的生態學和社會意識，源於憎惡全球化經濟大規模生產的、添加化學物的產品；領導這個運動的是像紐約、倫敦、巴黎、芝加哥、洛杉磯，和密爾基這類城市的都市精英。他們對都市農業的嘗試在生態學和技術上十分複雜，利用當地的小環境特點生產諸如蜂蜜和葡萄酒，引進諸如將水中養殖和溶液種植結合的新技術；愉快地保留像蚯蚓養殖和多種作物間種這類傳統方法。⑭今天的都市農業中無疑包含一種懷舊情緒。雖然生產作物本身並不浪漫，但是對一種更有益健康的生活方式的回顧是浪漫主義的。然而，對即使患有輕微關節炎的人來說，有機農業艱難而且勞累至極。在哈比人（hobbits）居住的、肥沃的中央大陸，托爾金（J. R. R. Tolkien）也沒有提到有機農業。❺

文明化冬季

城市保護人類，使人不受制於氣候的反覆無常。在熱帶對這種保護的需求微乎其微。在中緯度地區的溫暖季節也是同樣。在夏天，人可以同自然融為一體：在一年中的這個季節，人們可以在曠野中工作或娛樂。冬天將人們送回都市社會，送回人工技能的庇護之下。

在城市中，季節與夏天相反。冬天，當鄉村進入休眠狀態，大地草木不生，城市裡的公共廣場和街道卻充滿生機。在中國的周朝（1027-256 BCE），早春時節，將家家戶戶組成隊伍，他們離開自己設防的城鎮，整個夏天在耕地裡勞作和生活，收穫之後才回到城鎮。沃爾夫萊姆・埃伯哈德（Wolfram Eberhard）寫道，「這種居住方式表示將一年分成截然不同的兩個部分。冬天在城中，夏天在鄉村……中國哲學中陰與陽的不斷交替反映了這種二元的生活方式。」[15]路易斯・蒙福（Lewis Mumford）提醒我們，形成時期的希臘城市也從未喪失和農村的密切聯繫：「隨著季節的變換，人們潮汐般湧進或湧出城市。」曠日持久的伯羅奔尼薩戰爭（Peloponnesian War, 431-404 BCE）中斷了人們的遷移。很多國人被關在城中，因為思念農莊，痛苦

❺譯註：哈比人是英國作家托爾金在其同名童話中杜撰的一種袖珍的類人種族。

的抱怨聲不絕於耳。⑯西元一世紀，羅馬的公共事務機構在夏季延緩公務，法院七月不開門。富有的羅馬人在春季從城中住宅搬到鄉村別墅，當夏日酷暑不可忍受時，遷到海濱去避暑。在秋季他們住在鄉村別墅，當冬季來臨時回到城中住宅。⑰

在文藝復興時期的城市中，季節性搬遷仍屢見不鮮。佛羅倫斯生活富裕的市民在城裡有住宅，有做工的工廠，在郊區還有個別墅或是農莊。如果是個商人，他很可能在城牆外有地產，供給他蔬菜、葡萄酒、油、飼料和木柴。佛羅倫斯人在冬季是老於世故的城裡人，在夏季是紳士狀的農民。在耶誕節和主顯節（Epiphany）❻之間，冬日可能會寒冷蕭瑟，人們因此舉辦生氣勃勃的宗教性文化活動。「在四旬齋期（Lent）❼，每晚很多人湧進大教堂去聽著名傳教士佈道。每個宗教節日都舉辦公眾儀式，僧俗各界參與其中。」⑱在佛羅倫斯，文藝復興時期和今天一樣，春天是最生機盎然的季節。商販們急著做生意，大批朝聖的香客湧進城，他們在到羅馬途中路過這裡，扒手們在人群中忙碌。在仲夏，城中死寂一片，佛羅倫斯貴族離開城住到鄉間別墅，要到九月底十月初才返城。⑲

「年度停業」也發生在法國。對於在八月份雲集巴黎的遊客來說，這樣的招牌無處不在，令人懊喪。正如很多其他世界大都市一樣，巴黎人在夏天離城外出。舞台上推出輕鬆的節目，以適應季節性情緒和外鄉遊客不高雅世故的口味。在《週六評論》（*Saturday Review*）的一期特刊中，編輯哈勒斯·薩頓（Horace Sutton）在題為「冬季都市」的序言中吟誦：

> 隨著第一陣寒風，城市繁榮起來。都市的森林正同樹木花朵相反。當冬季降臨，都市森林抽枝長葉，身披羽衣。正是在那時，在雪片和勁風中，顧客們擁擠著，店鋪擴展成燈火通明的集市……冬天的都市被咖啡店的暖意滋養，被觀眾在大幕升起前期

❻譯註：一月六日。
❼譯註：又稱為大齋節，從復活節前四十天為齋戒期。

盼的幻想培育。博物館突然沸騰起來，達到鼎盛。古代文明移出儲藏室，彙集在展廳中，就像四散的氏族部落被只有成員們能聽到的鼓聲召喚，前來參加部落大會。⑳

在孤立的農莊和小鎮中，冬天人們處於被圍困的狀態，他們期盼春天的搭救。在擁擠的都市卻不是這樣。據理查．埃德（Richard Eder）說，在紐約，人們不是在春天對自己說，「好了，我們又熬過了一年。」而是在一個晚秋的下午，當空氣變得非常清澈，突然我們聞到聖派翠克大教堂（Saint Patrick's Cathedral）北邊飄來的炒栗子的香氣時，我們對自己這樣說。都市生活與自然生活相反，寒冷而不是炎熱，使都市生活生氣勃勃。在秋天和冬天，復甦的感覺分外強烈。看看在紐約出現了什麼。格林威治村（Greenwich Village）下方的蘇活（SoHo）閣樓區成了一個全新的文化中心。其中畫廊、實驗劇場，提供漢堡和喧鬧時尚的酒吧比比皆是。第一和第二大道旁的小街一度萎靡不振，現在卻成了城內最快樂迷人的地方。雖然「地獄廚房」（Hell's Kitchen）看來仍一如既往地陰森，卻也開始在這裡那裡露出幾許亮

色。紐約在不斷地恢復生機。㉑

這些觀察性評論是在一九七〇年代做出的。在三十五年之後，雖然細節變了，但是城市的季節性變換卻延續至今，當大自然入睡，城市恢復勃勃生機。很久以來這就是人類經驗的一部分，時間之長使我們認為這完全順理成章，忘記了這個發展是多麼別出心裁，違背自然。但是更大膽的——遠為近期的——舉動是對夜晚的征服。

征服夜晚

在地球上，荒野、水和黑暗代表原始的混亂，在三者之中，當大約八九千年以前，城牆修起，劃分文明開化的空間時，人類將秩序置於荒野之上。對沼澤和濕地（水）的征服更為困難。直到有歷史記載的時期，才獲得大規模的成功：想想蓬蒂內沼澤（Pontine Marshes）使伊特拉斯坎人（Etruscans）和羅馬人如何大傷腦筋呀。在三者中，證明黑暗是最難克服的困難。蠟燭和無罩油燈早在建金字塔時期已經存在，但直到十九世紀將臨，它們仍是最廣泛使用的照明工具。對於克服黑暗，這些設備的作用微乎其微。在十九世紀，煤氣燈投入使用，這是一大進步。但是只有在二十世紀，只有當電被廣泛使用時，我們才能理直氣壯地說，在某些城市中，人類改變了另一種基本節奏，即自然界晝行夜息的規律。

如今我們根據夜生活的品質，衡量一個城市的文明高雅程度，卻忘記了夜生活本身直到最近才開始形成。帝國時期的羅馬城規模宏大，雄偉壯麗，但它卻同任何行省市鎮一樣，受制於日夜的交替。傑羅姆．卡科皮諾（Jérôme Carcopino）寫道：

在沒有月亮時，羅馬的街道陷入無法穿透的黑暗。街上沒有油燈，沒有固定在牆上的蠟燭；除了節慶場合，沒有燈籠掛在門楣上……在平常時分，當夜幕降臨，黑暗像巨大危險的陰影一樣籠罩著城市，四處瀰漫，陰險而令人恐懼。每個人都逃回家中，把自己關在房裡，在入口處設防。商店寂靜無聲，在門扇後面拉上

保險鏈；將公寓的百葉窗關上，把妝點窗戶的花盆移下。㉒

同中世紀的歐洲和早期殖民地時的美國一樣，在帝國時期的中國，天黑後城鎮實行宵禁。這是為了保護居民免受火災和陌生人傷害。不論有關前工業化都市繁忙生活的畫面如何使人印象深刻，我們需要記住，在很多地方，當宵禁的鐘聲一響，所有公共活動和戶外活動立即停止。夜晚屬於生物性和私人領域，是在家中的私人空間恢復精力和娛樂的時間。即使在文藝復興時期的佛羅倫斯，這個高雅藝術文化的薈萃之地，也是如此。只有在例外場合才會批准天黑後有燈光照明。在古代中國，例外場合是為新年和帝王誕辰舉辦的盛大慶典。在古羅馬，芙蘿拉節（Feast of Flora）❽是晚間活動，要求燈火通明。在幾個城市中，例如四世紀時的安蒂奧克（Antioch），❾夜間照明

❽譯註：芙蘿拉是古羅馬宗教中的女神。
❾譯註：安蒂奧克是羅馬帝國在近東建立的重要城市，遺跡位於當代土耳其城市安塔基亞附近，後者因前者而得名。

是例行之舉，當地人以此為傲。㉓在中國，杭州入夜後全城漆黑一片，但是御街卻很明亮。街邊的店鋪和客棧燈籠高懸，生意興隆。當蒙古人於一二七六年攻佔宋朝都城杭州後，嚴厲的宵禁法終止了城中的夜生活。㉔

在前現代時期，很少城市力圖將白日活動延長到夜間。人們日出而作，日落而息。十六世紀時的巴黎人做夢也想不到會成為「燈光之城」。力圖說服住在房屋底層的巴黎人於黃昏時分在窗前點蠟燭，但是收效甚微。提供充足照明的第一個動力來自一六六七年，當時巴黎的員警總監是有權有勢的加布里埃爾·尼古拉斯·德·拉·萊尼（Gabriel Nicolas de la Reynie），他命令在街道上掛起六千五百個燈籠。至十七世紀末，在冬天的月份裡，蠟燭照亮城中六十五英里長的街道。㉕再說倫敦，議院於一六六二年通過一個法案，要求房屋臨街的每戶人家掛出一個蠟燭，高度足以從黃昏燃到晚間九點。在一七一六年，點燭的時間在米迦勒節（Michaelmas）❿至聖母領報節（Lady Day）⓫期間延長到晚間十一點。雖然照明得到了改善，但是倫敦在那一年中仍然有二百四十七個夜晚既無油燈也無燈籠。油燈只發出微弱的光線，所

以冒險外出的人們，無論是步行還是坐馬車，仍需依賴手執火把的引路人。㉖

在諸如巴黎、阿姆斯特丹、漢堡和維也納這類城市中，市政當局認為冬天的漫漫長夜是對社會秩序的威脅。市政府提倡使用蠟燭和油燈照明，以便減少偷竊和其他輕罪。這樣的措施收效不大。顯著的效果必須等到安裝煤氣燈之後。倫敦在一八〇七年首次試用煤氣燈。此後在歐洲和美國，煤氣燈十分迅速地普及開來，可是也有人抗議。反對煤氣燈的一種觀點是，明亮的燈光實際上有利於罪犯的行動。伯明罕的居民認為，他們城市的犯罪率低於倫敦的原因是因為伯明罕燈光較暗。一份一八一六年的科隆報紙反對煤氣燈，理由是，當對黑夜的恐懼不復存在，人們更喜歡外出，沉溺於酗酒並做出其他不端行為。而且，煤氣燈違反了神的法則和自然規律。報紙的社論指出，

❿譯註：九月二十九日。

⓫譯註：三月二十五日。

「人工照明力圖干預神對世界的規劃，神預先規定夜晚是黑暗的。」㉗

城市提供娛樂活動。古希臘人熱愛劇場，古羅馬人喜愛各種壯觀的場面。這些活動何時舉辦呢？除了極少的例外，在光天化日和月光明亮的夜晚。在中世紀，宗教性的舞台劇可能在黎明時分開始，約早晨四點半鐘。有些戲是如此之長，必須在下午繼續演出。在十六和十七世紀的西班牙，演出必須在夜幕降臨前至少一小時結束。這意味著在秋天和冬季，節目可能在下午兩點就開始。然而在英國，開演時間持續延遲。在復辟王朝時期，⓬演出在下午三點或三點半開始；「到一七〇〇年，推遲到四至五點；在一七〇〇至一七一〇年期間，開演時間五至六點不定；一七一〇年以後，通常是六點；到十八世紀最後二十五年，變成了六點十六分或是六點半。」㉘

用電照明終於使征服黑夜成為可能。公眾活動不再倚賴陽光。暮色不再預示回到家中，而是預示著燈火通明的林蔭大道上夜生活的沸騰。這些林蔭路被稱為「白晝大道」。如果缺少生機勃勃的夜生活，任何二十世紀的城市都不能自命為富有魅力的世界性都市。如果在太陽下山時就睡眼朦朧，哪裡會有浪漫故事呢？以下是伊莉莎白・哈德威克（Elizabeth Hardwick）對一九五〇年代波士頓的觀感：

波士頓完全缺少紐約那種狂放的、令人興奮的美麗，缺少黃昏時分乘計程車激動萬分地奔走的人群，缺少眾多的馬路和街道、餐館、劇院、酒吧、旅館、熟食店和店鋪。在波士頓，當夜幕降臨，帶著一種令人難以相信的沉重，一種小城終結的氣氛。母牛歸家，小雞回窩；草地上一片黑暗。幾乎所有的波士頓人都在自己家或是別人家中，在家裡的餐桌前就餐，享受家庭或社交性的私人交往。這種「友好的小聚餐」——為此波士頓人可以出賣自己的靈魂。㉙

⓬ 譯註：一六六〇至一六八八年。

二十世紀中葉的波士頓缺少魅力。但魅力是什麼呢？這個詞的詞根意指魔力。對於一個現代都市來說，不論它在白天多麼缺少光采，在天黑時將開關一扭，立刻變成了流光溢彩，恣意而為的世界。人們也將工作日的個性棄之一旁，帶上花稍的假面。在電影院和劇場中，日常生活的混亂被螢幕和舞台上魔幻的淨化所取代。夜生活違背自然。因為當日光褪去，人的意識也應該減弱。將意識延長和加強時，人們得到了什麼？㉚人們失去了什麼？在回答這個問題之前，我應該先講講下面的世界——一個黑暗的、維持但也損害地面上光明繁忙城市的世界。如果沒有一個刺激性的底層世界，城市畢竟幾乎沒有資格被稱為「浪漫的卓越崇高」。

底層世界

底層世界具有象徵性的和字面含義。象徵性含義依據同人類身體的類比。如前所述，自從古希臘羅馬時代，人體的頭部被視為理智之源。較下部的肢體產生激情。人頭腦中的理智可以被自下而上的「激動」所玷污，但是如果沒有下部的能量和激情，理智無法卓有成效。人類身體畢竟是渾然一體。為了保持健康，身體必須排除廢料和有害氣體。身體和城市的相似之處顯而易見。城市越來越多的人口產生難以計數的垃圾，如果城市要保持健康和適於居住，必須清除垃圾。主要的，也是最早發明的大規模排泄裝置是下水道。

古代羅馬的偉大成就之一是城市的下水道系統。首建於西元前六世紀。在羅馬共和國時代以及後來的帝國時代，下水道不斷擴展和改善。污水管（陰溝）的設計和修建規模是如此巨大，以至於在「有些地方，裝滿乾草的馬車可以輕易通過。」阿格里帕（Agrippa）⓭從導水管中引進足夠的水流，所以船隻可以通過整個下水道系統。建築工程非常堅固；最大和最古老的一條下水道系統叫作「『最偉大的下水道』（the Cloaca Maxima），在斷橋

⓭譯註：古羅馬將軍，國務活動家和建築師。

（Ponte Rotto）⓮的高度，今天仍可以看到下水道通到河中的出水口。出水口的半圓直徑五米，它生綠鏽的凝灰岩楔形拱石（鈣化的石灰石拱頂）蔑視著兩千五百年歲月的流逝。」㉛

羅馬的地下隧道體系是令人讚嘆的早期成就。然而，直到十九世紀，地下隧道就地理廣度、污穢、宏大和令人恐懼而言，才達到頂峰。巴黎的下水道使維克多．雨果（Victor Hugo）印象極深，在《悲慘世界》（*Les Misérables*）中他用了好幾章加以詳述。小說主人公尚萬強的向下之旅是墜入地獄的行程。雨果描述了引起噩夢的場景：「滴水的牆壁、低矮的頂棚、瘴氣和陷阱、惡臭的氣味、模糊難辨、沉重的負擔、罪犯和員警不祥的陰影。」當尚萬強踏入一個泥濘的裂縫，爛泥和糞便沒到腋窩，恐懼達到極點。㉜

垂直軸線將天堂置於「上方」，將地獄置於「下方」。雨果接受這種思維方式，但是他也受到一種新轉折的影響。這種新思想幾乎顛覆了舊觀點，使底層世界似乎變得使人印象深刻，如果不引人入勝，卻是必需之物。對什麼來說是必需的？對於維持地上世界來說是必需的。喬治．歐仁．奧斯曼男爵（Baron Georges-Eugene Haussmann）是拿破崙三世（Napoleon III）任命的塞納省（Seine）長官，在從一八五二年到一八七〇年期間，他使地上的巴黎大為改觀。巴黎被拓展成一個陽光都市，寬廣的大街和林蔭道輻射四方。而且他也改變了地下的巴黎，給幾乎每條街道修建了排水溝，將廢水排到巴黎城地下深處，流入塞納河中。很快地，地下世界不再只有水和下水道系統，那裡修起了公用設備管道，架起電話線，為地鐵開通地下隧道。地下成了一個寬闊而且擁擠的世界。但是地下世界不是為自身而存在，它服務於光采奪目的地上世界。

有兩種思潮助長了對地下世界的樂觀看法。一種是浪漫主義的幻想，在儒勒．凡爾納和愛德華．喬治．普華—李頓（Edward George Bulwer-Lytton）的小說中得到表述。在《地心歷險記》（*Journey to the Center of the Earth*, 1864）一書中，凡爾納設想的向下墜落不是墜入陰暗，而是墜入明亮的光。這暗示

⓮ 譯註：斷橋是羅馬最古老的石拱橋，位於台伯河（Tiber）上。

他對電力的無比信心。一旦充分發展，電將征服黑暗。普華—李頓在《未來的種族》（*The Coming Race*, 1871）一書中設想出地下世界的景觀。那裡有奇怪的植被，人造堤岸環繞著湖水和溪流。這一切都置於一個沒有太陽但卻明亮的穹窿之下。另一種思潮設想一個生機盎然的地下世界。這個世界並不僅僅是地上城市的支援系統，而是個自成一體的地方。這也是一種幻想，但是卻可以夢想成真。為什麼？因為在那個時候，設計者和工程師對他們所支配的技術信心十足；而且他們相信，由於位於地下，自己想建造的世界無需接受大自然變化無常和猛烈攻擊的挑戰。但是對這種樂觀主義最重要的支持是事實。在十九世紀末，倫敦和巴黎已經將夢想大半變成了現實。這兩個大都市已經能夠以自己的地下世界炫耀於人。那裡不僅有下水道和公用設備系統，還有地鐵隧道、修理列車的側廳。最重要的是，有供中產階級乘客們使用的，舒適明亮的地鐵車站。㉝

光明——字面意思和象徵性含義

光明驅散黑暗，暴露愚昧。正如「照明」一詞或許更清楚地指出的，這個詞的含義總是包含著一種智力與精神的成分。同時，城市是個照明之地。在人工照明來臨多年之前，即當城市在字面意思上被照亮之前，它已經成為照明之地。希臘政治思想是西方思想的重要基石，希臘思想以城市或者城邦（polis）為中心。城邦被認為是人類的理想之地，在那裡人類道德和智力可以達到充分的出類拔萃。為什麼在城市呢？因為演講最大限度地集中在城市舉行。語言表明我們的立場和觀點。因為我們口中所說或沒有說的，我們獲得或是喪失道德立場。受靈感激發的雄辯可以提高民族士氣，使個人更勇敢無畏，更慷慨，更虔誠，或者，正如伯里克里斯（Pericles, 495-429 BCE），⓯的演說所表明，使人充滿愛國激情。當時機與場合正確，甚至老生常談也能振聾發聵。比起任何其他地方，城市有很多這類時機與場合。嚴肅感人的演

⓯ 譯註：雅典重要的政治家、演說家和將軍。

說是達到道德正直與真理的途徑。無怪乎蘇格拉底（Socrates）說他「從不向田野和樹叢學習」；他在街頭巷尾、市場、體育館或是在廟宇的柱廊下與同胞交談，從中學習。㉞

還有更多的理由。城市有雄偉的建築，城市以建築為傲。除了詩歌和音樂，建築是三位一體中的第三個要素。在歷史上，當大興土木，尤其是興建宗教建築時，儀式性的話語和音樂伴隨其間。而且工人們也許會一邊勞作，一邊歌唱。如果我們對一個希臘神話信以為真的話，在西方世界，建築與音樂的關係更為密切。這個神話講述一個魔術師兼詩人，他在音樂和詩歌的「節拍」與物質和空間的比例及區分中發現了重合之處，由此他可以將音樂變成石頭。此外，對於希臘人來說，詩歌與城市——它們的均衡、對稱和平衡——體現著理性。㉟一個著名的例子是帕德嫩神廟（Parthenon）。神廟的體積和物質性使人感到它似乎是壓在岩石基座上，但是抵銷並平衡這種印象的是絕妙的比例，這使神廟似乎高高聳起。歌德（Goethe）將建築視為凝固的音樂。他不會將美麗的城市視為凝固的交響樂嗎？無論怎樣，在我朗誦華茲華斯（Wordsworth）於一八〇二年寫給倫敦的頌歌時，我體會到音樂輕快和洶湧的節奏：

世界沒法展露更美的容顏，
旅人有誰對此竟能無動於衷，
莊嚴宏麗教人怦然心動：
這城市此時猶披一襲盛裝。
沉靜袒露在清晨美麗之中，
舟舫，尖塔，穹頂，戲院，教堂，
綿延四野，連接上蒼；
明亮璀璨，閃爍於如洗碧空。
旭日從未如此美麗，
幽谷，蒼岩，山嶺，沐浴晨曦輝煌，
從未目擊，從未領略，如此深沉寧靜！㊱

都市歷史學家和地理學家不願意讚譽一座城市，這不僅因為他們害怕顯得天真幼稚，也因為讚美和批評不同，要求具有一種很少人具備的文學鑒賞力。建築評論家艾達．露薏絲．賀克斯苔博（Ada Louise Huxtable）是個例外。當她在羅馬學習的時候，被領去參觀一座沐浴在月光下的巴洛克式教堂和廣場。她寫道：

> 在那時候，我完全不知道城市可以如此奪人心魄地美麗，石塊可以給人如此美的享受，建築家為人間戲劇設計如此壯麗的場景，空間可以如此地感人至深，建築可以使人顯得比實際上高大如此之多。㊲

即使是曼哈頓的老於世故之輩也會為之深深感動。黃昏之際在第五大道上，《紐約客》（*New Yorker*）雜誌的編輯們說：

我們感覺到一個劇場的燈光已經點燃，某種最重要的事情一觸即發。史克萊伯納書店（Scribner's bookstore）的維多利亞式門面，上面的鍍金在黑色框架中閃爍，傾斜明亮的光柱賦予書店深處一種神聖不可侵犯的莊嚴，與聖派翠克大教堂媲美。所見到的每一寸玻璃或金屬都映照著玫瑰色光澤。街燈的燈柱像珍寶，流光溢彩，尋常鞋店的櫥窗看來像珠寶店的陳列櫃。建築物顯示出從未有過的熱烈。浸透的粉紅色增強了光亮和陰影的質地及斑塊，與此同時，獨特的輪廓和古怪的雉堞形狀蝕鏤刻印在天鵝絨的空中。㊳

城市顯示的不僅是美麗，還有卓越崇高。一種昇華的生命體驗，混合著緊張和痛苦，因為城市不僅有生活和光明，也有黑暗和死亡。華茲華斯邀請查理斯．蘭姆（Charles Lamb）到大湖區去拜訪他，蘭姆不太禮貌地拒絕了他的邀請：

我在倫敦度過此生，由此變得對當地的一切依戀不已，這種依戀之感就像你們山地人依戀死氣沉沉的大自然。河邊大道和艦船街上燈火通明的商店；無計其數的貿易往來、商販、顧客、公共馬車、運貨車和劇場；科芬園周圍所有的繁忙與邪惡；這些市鎮的女人；還有更夫，醉醺醺的場面和吵鬧聲；如果你整夜不休不眠，這裡生氣勃勃。在艦船街上你永不厭倦；人來人往，腌臢和泥濘……所有這些湧入我的腦中，滋養我，不會使我厭膩。五光十色的場面促使我夜間遊走在擁擠的街道上，繽紛的河邊大道飽滿的生命力經常使我喜淚盈盈……沒有你的山巒難道我不是已經有了一切？㊴

安東尼．伯吉斯（Anthony Burgess）是我們的同代人，因此他不像蘭姆那樣不知厭倦。雖然他顯然崇拜紐約，卻用比較暗淡的筆調描述紐約。他責備紐約人無法欣賞自己城市的美麗。他提醒紐約人說，艾茲拉．龐德（Ezra

Pound）曾經用「可愛的」形容紐約，將它比喻為一個「無胸的纖細女郎」。然而美麗也許不是恰當之語，因為對伯吉斯來說，紐約是個矛盾體，是個多種多樣和大膽放肆的城市，它對暴力和死亡的嗜好本身使城市更有生命力。

在羅馬、巴黎和倫敦，我常想自殺。除了酒精或者文學，在那些城市中沒有東西抵銷這種欲望。而在紐約，當絕望的情緒襲來，我只需要在午夜之後下到地下鐵道，觀看那裡無所不在的暴力，於是，強烈的求生欲望像郊區特快列車一樣迅速襲來。紐約滿足各種各樣的趣味，包括最晦澀難懂的口味和最高超的藝術形式。這也是一片人們必須時刻警惕的叢林……走路要躡手躡腳。如果紐約塌陷，它不會陷在一片軟弱無力的嘀嘀咕咕中。這會是人類狀態的轟然咆哮，以風格奇異的音樂和五十種不同的酸奶油為終結。㊵

對我來說，紐約是浪漫主義卓越崇高的絕妙例證。這不是孩子們用水槍互相噴射玩耍，爺爺奶奶在栗子樹下打瞌睡的好所在，而是一片「走路要躡手躡腳」的叢林；不是個善良純樸的人們在星期六下午參加市鎮廣場樂隊的社區，而是「人類狀態的轟然咆哮，以風格奇異的音樂和五十種不同的酸奶油為終結」。

黑暗——字面意思和象徵性含義

雖然有煤氣燈的城市比過去明亮，由於工業革命使人口暴增，城市在象徵性意義上卻「更加黑暗」。人民大眾，包括一些外國人，遷移到城市中，他們膨脹發酵，構成一種騷動的人類。對於中產階級來說，他們就像「最黑的非洲」居民一樣離奇而且難以理解。諸如亨利．梅休（Henry Mayhew）這樣的記者和像狄更斯之類的小說家被認為是勇士，他們敢於探索倫敦的後街小巷，寫出令讀者大眾興奮而且驚懼不已的新聞。因為兩位作家都關注最窮困潦倒的群體，他們描述的畫面過分陰暗。二者也頗具戲劇化的天賦，或者說對此情有獨鍾。梅休關注住所污穢的內部，報導說屋裡的氣味是「如此臭氣熏天」，當他走進去，「瞬間吸入的惡臭」令他作嘔。梅休對人更是備加關注，他認為這些人與倫敦人完全不同，他們「迷信、滿懷敵意、是宿命論者。他們說著盜賊的黑話，聽來像是某種原始部落的語言一樣急促難辨。」㊶

對於從一八二〇年代到一八六〇年代工業化期間的英國城市，狄更斯是首屈一指的小說家。部分由於他關注氣味，他所描述的倫敦使人感到身歷其境。他嗅到不同的東西，甚至於令人作嘔的東西。他將這種癖好稱為「排斥的吸引力」，法語的對應詞為「對爛泥的懷念」（埃米爾．奧日埃〔Émile Augier〕）。但是狄更斯筆下的倫敦同他的時代並不相符。例如，他從未提到修建於一八六〇年代初期的地下鐵道，或者郊區通勤火車。他筆下的人物要麼步行，要麼乘馬車。他所寫的倫敦是倫敦中部，是他度過童年的倫敦。他最早期的小說——《匹克威克外傳》（*The Posthumous Papers of the Pickwick Club*, 1836-37），《霧都孤兒》（*Oliver Twist*, 1837-39，又譯「孤雛淚」）和《尼古拉斯・尼克貝的生活和冒險》（*The Life and Adventures of Nicholas Nickleby*, 1838-39）——可以將書的主角寫成生活安逸舒適之輩。但是他沒有這樣做，相反，這些小說津津有味地描寫最慘不忍睹的生活：「艦船街和新門（Newgate）的監獄，罪犯出沒的地下黑社會；在骯髒淒慘的雅各布斯島（Jacob's Island）的貧民窟，比爾・賽克斯遭遇死亡；史密斯菲爾德市場（〔Smithfield market〕，在他的小說和新聞報導中，這裡的令人作嘔是個屢次出現的主題）；瑪德琳・布萊生活的『骯髒而且塵土飛揚的郊區』；尼古拉斯・尼克貝注視著『淡漠，煩躁不安的人群』，他們『有著蒼白消瘦的面孔，饑餓的眼睛，半裸的、顫抖的身體。』」㊷

私人偵探

與污穢和墮落的形象截然相反的是財富的場景，是從「商店櫥窗中，從掛滿華美衣衫的商場中，從鋥光閃亮的金銀器皿上，奔湧而出的流光溢彩。」㊸在維多利亞後期，在工業化進程中的城市裡，財富的島嶼淹沒在貧困及其最引人注目的產物——格格不入和令人威脅的民眾中。法律和秩序的力量是微弱的燈光，對日益黑暗的景色影響甚微。怎麼辦呢？在那時和現在，對困境視而不見是最常見的解決辦法。人們也許會說梅休和狄更斯這樣的作家提醒倫敦人注意到了恐怖；但實際上他們為人們提供了逃避之道。人們可以舒適地坐在扶手椅中讀他們的作品。另一種更便利的逃避是偵探小說，興起於十九世紀下半葉。在偵探小說中，警察也許愚笨無能，但是私人偵探卻毫無例外地精明能幹。而且偵探尊重委託人的隱私。因為與警官不同，偵探是紳士，雖然他往往與傳統相悖，甚至具有波西米亞人的趣味。

偵探小說中最大名鼎鼎的人物是柯南道爾（Conan Doyle）塑造的夏洛克．福爾摩斯（Sherlock Holmes）。除了絕頂聰明之外，他有其他引人注目的特質，包括超凡出眾的方向感（他不論在倫敦的偏僻巷弄還是在西藏的荒野中都從未迷過路）和在社會各階層中都如魚得水的社交技巧（他從容地請聖西門爵士喝茶，但同街頭頑童，煙霧繚繞的地下室中的拳擊手，和鴉片窟中的癮君子也同樣親密交談）。福爾摩斯是個個人主義者。雖然資本家大老闊崇拜他，他卻與他們不同。他古道熱腸，相信是貴族就得行為高尚，願意幫無力付錢的人解除危難。

但是在十九世紀下半葉，面對日益增加的眾多人口，比較精明的倫敦人可能會想，在他們面無表情之後到底隱藏著什麼樣的欲望？在他們密密層層的排屋的門廊背後到底策劃著怎樣的陰謀？或許最令人煩擾的是，是否鄰里間和藹的菸草商或是戴眼鏡的圖書館員會犯下殘暴的罪行？警官們缺乏想像力，無法提出這樣的問題，因此他們面對很多罪行，卻束手無策。至少小說家們見解如此。福爾摩斯具有必要的心理洞察力。他能夠看穿假面，這一技巧在他的對手看來似乎不可思議。例如，福爾摩斯僅僅使用心理暗示就「讀懂了」莫蘭上校，揭露他是惡棍；莫蘭不自禁地認為這種能力不存在於人類世界，他大叫，「你真機靈，你這個機靈的魔鬼！」㊹

福爾摩斯聲譽日隆，人們紛紛前來尋求他的幫助。但是還有其他原因。與執法官員不同，只要不影響調查，福爾摩斯尊重委託人的隱私權。維多利亞時代的英國人明瞭處事之道，如果必要的話，他們可以面對梅休和狄更斯所揭示的骯髒卑賤。但是他們還沒有準備好面對這樣赤裸的揭示，這是弗洛依德即將公開宣布的，是關於底層世界，是關於四柱臥床上性交的獸性和暴力。

人們焦慮還有另外的原因，這個更為非個人並且難以界定的原因同經濟有關——尤其同資本主義的財富分配方式有關。極端的貧富分化會產生社會動亂。一方面，在維多利亞時代，大英帝國的殖民地遍布全球，他們的女王被尊為印度女皇，所以十分令人費解，當時的英國人會感到憂心忡忡；此外，很多技術性和社會性改良，諸如照明改善、效率提高的官僚機構和警力加強，在一八八〇年代至一九〇〇年達到頂峰，而這也正是福爾摩斯聲譽日隆的時期。

更令人費解的是，偵探福爾摩斯持續流行，曠日不衰，一直到二十世紀。模仿、東拼西湊、嚴肅文本，以及電影電視大大豐富了福爾摩斯的原型。在經濟全球化的時代，不僅在西方，而且在新近致富的亞洲國家中，有關福爾摩斯的新故事或新電影保障了商業性成功。

有關福爾摩斯和其他私人偵探故事的持續流行提出了一個問題，即在從一八五〇年至二〇〇〇年間這個綿長多事的時代中，這些杜撰人物有什麼共同之處呢？其一是由於新技術的發明和應用，他們都經歷了通訊的迅速擴張。在狄更斯和維多利亞時代，新技術是電報，電報在國內和國際間建立了廣泛的社會交流體系。在我們的時代，新技術當然是網際網路，網路成功地覆蓋全球社會，將人們編織進一個社會網絡。但是使私人偵探故事繁榮生長的是共性，就消極一面來說主要是經濟和社會狀態。狄更斯早期作品的時代背景是「前所未有的財政動盪。一八二五年的經濟崩潰導致八十家銀行倒閉，將近五百家公司破產，以至於在十三年之後，記憶猶新的作者將此情此景再現於《尼古拉斯．尼克貝》（*Nicholas Nickleby*）一書中。」富者日富，窮者日窮。親人之愛和家長之責日漸消失。其結果是，在工人中仇恨情緒上升，而豐衣足食的群體日漸頹廢。㊺

到了一八八〇年代，持續的經濟衰退使暴力場面出現在倫敦街頭，詞典首次收入「失業」一詞。由於來自殖民地和外國的移民，都市人口增長，有些是持不同政見者和革命者；龐大的人口使社會似乎難以控制，似乎總是岌岌可危。「愛爾蘭民族主義者採用新的、使用甘油炸藥的手段，將『恐怖主義』納入都市經驗；開膛手傑克（Jack the Ripper）比警方高明太多，案件暴露了邊緣群體令人恐怖的不堪一擊。」㊻狄更斯和維多利亞時代的機能失調使我們想起今天的社會弊病。

至今為止，夏洛克．福爾摩斯同我們朝夕相伴已有一百二十五年之久。除了破案，除了為個人主持正義和公道，他為我們還提出了什麼更廣泛持久的解決辦法呢？這是教育——用知識的力量驅散無知與邪惡的黑暗。為了在長時期中認真對待知識，必須有大量的樂觀主義——非現實主義的、浪漫的樂觀主義。雖然福爾摩斯以其分析能力著稱，然而這是一個浪漫的人物。我用這個詞所表達的不僅是他的不落俗套和波西米亞色彩，而且是他對教育的信奉。在〈海軍條約〉（The Naval Treaty）故事中，當福爾摩斯和華生在火車中討論都市景色時，福爾摩斯分享了這種樂觀主義：

「不論坐哪條線去倫敦都很可愛，火車在高處行駛，可以俯視房屋。」

我以為福爾摩斯在開玩笑，因為景色又髒又亂，但他立刻解釋說，

「看看那一大群、一大群彼此隔絕的建築，聳起在板岩的上方，它們就像鉛灰色海洋中磚砌的島嶼。」

「那是寄宿學校。」

「那是燈塔，老兄！那是將來的指路明燈！每個裡面都有幾百顆聰明的小種子，從中會長出一個更智慧、更美好的明日英國。」㊼

至少就長期而言，教育現在仍被視為解決社會弊端的手段。但是夏洛克・福爾摩斯的信心，他的一派天真，已一去不復返了。寄宿學校嗎？不，「那是燈塔，老兄！那是將來的指路明燈！」我們能夠想像彼得・溫西爵爺和赫丘勒・白羅⓰這些二十世紀的人物，會如此說嗎？更不用說美國作家達許・漢密特（Dashiell Hammett）⓱筆下精明實際的偵探們了。如果他們想為

社會提供萬應良藥，那必是以一種嘲弄的口吻。嘲弄——甚至於諷刺世故的口吻——與浪漫主義氣質格格不入。

---

⑯ 譯註：溫西爵爺是英國推理小說家桃樂絲．榭爾斯（Dorothy Sayers）故事中的主角；白羅是英國推理小說家阿嘉莎．克莉斯蒂（Agatha Christie）故事中的主角。

⑰ 譯註：二十世紀美國偵探小說家。

第四章

人類

The Human Being

文明產生了三種不同類型的人：唯美主義者、英雄和聖徒。這三種人都具有一種傾向，他們的行為和追求均超越或是打破循規蹈矩的社會準則。即使像聖人那樣，其與眾不同的美德是謙遜和無私，此人也卓爾不群。換言之，唯美主義者、英雄和聖人是個人主義者。也許有人會問，在題為「浪漫主義地理學」的書中，為什麼要為他們專闢一章呢？傳統意義上的地理學關注人群，關注人群的安樂和延續。我的回答是，地理學不僅是一門空間科學，而且也是對自然和文化的探索，是對在自然界生存向在人工世界中生存過渡的探索，就個人來說，是對從生物性存在向文化存在過渡的探索。地理學家研究這個過渡，但是就群體而言，他們將變化完全歸之於非個人力量。而我與此相反，將個人引進研究之中。這些人的故事是關於個人之舉，主要由感情和理想所推動，很可能背離集體的約定俗成，也更為浪漫。

唯美主義者

對於自然環境和人造環境中的雜亂程度，各民族觀點不同。熱帶雨林的居民對其他環境茫然不知，他們無疑欣賞熱帶雨林的雜亂無章。沙漠居民與此相反，喜歡簡單空曠。至於建築環境，亞洲北部的民族愛好一覽無遺的簡明。中國的故宮就是一個例子。而南亞和東南亞文化與此相反，他們崇尚繁複，吳哥窟錯綜複雜的雕刻是個證據。在西方，由於先進機械的影響，現代高雅藝術以簡約，或貌似簡約為時尚。西方美學追求是從自然初始的混沌到文化的明瞭，從沉重的身體到輕捷的靈魂，從難以名狀的粗糙到表達清晰的優雅。

雖然繁複和簡明可以同時為人所愛，二者也代表前進，代表從一極進步到另一極的願望。從身體的生物性需要轉化到對美學和文化的精神熱望是一種發展。卡蜜兒．帕格里亞（Camille Paglia）將兩件女性人體雕像加以比較，以此說明這個道理。一件是維倫多夫的維納斯（Venus of Willendorf，西元前三萬年），另一件是納芙蒂蒂王后（Queen Nefertiti, 1350 BCE）。維倫多夫的維納斯是純自然的——一個來自冥府，來自地下深處的女神。帕格里亞描述她的特徵，所用辱罵詞彙豐富多采。說她「只是感覺，卻眼不見，腦不思」；說她「無眼、無舌、無腦、無臂、膝蓋外翻……是被擠壓的塊莖植物」；說她「沒有線條，只有彎曲和圓形」；說她「無形無狀，浸在瘴氣瀰漫的泥沼中」；說她「是生命，因而骯髒邋遢」。①

與之截然不同的是納芙蒂蒂王后，「這是阿波羅式的形象對大地母親式臃腫恐怖的勝利。所有肥胖臃腫，沒精打采，和昏昏欲睡都一掃而空。」如果說維倫多夫的維納斯全部是身體，那麼納芙蒂蒂全部是頭腦。她「臉上閃爍著重生的鮮潤，是一輪永遠不落的旭日」。她的脖頸纖細到似乎就要折斷的程度。納芙蒂蒂「像膜拜天空的噴氣式」一樣推動自己「……她有了不起的骨骼」。她是石質的建築，「正如維倫多夫的維納斯是泥土的圓卵，是個顫抖的、泥中蛋卵那樣的女人，納芙蒂蒂是具有數學精確的女性，是因為變得更堅硬凝聚而崇高卓越的女性。」②對纖細和稜角分明的形容詞是精緻優雅。

「精緻優雅」當然不專屬女體和時尚；也可以用來形容丹麥家具、格言警句和數學。當使用這個詞時，暗示了一種優於世人的意味。精緻優雅用來形容貴族。自命為精緻優雅的人對「下等階層」生活中的支離破碎、渾然無狀、雜亂黏滯嗤之以鼻，不論他們是原始人還是勞工階層。但是，所謂下等階層的無拘無束卻具有一種生龍活虎之力，這是精緻優越的頭腦所缺少的。此外，原始的活力可能是堡壘和解藥，用來抵禦簡約、抽象，最終達到專制頭腦的妄自尊大。這是喬治．歐威爾的見解。他的《一九八四》（*1984*）幻想了一個敵托邦（dystopian）世界。在這個世界中，似乎沒有任何東西可以抵制「大哥」，唯一可能的例外是一種俗不可耐的生活，一種無頭無腦的力量。被圍困的主角溫斯頓朝下望去，當他看到一個女人，希望的微光隱約閃爍。這個女人——

沒有頭腦，只有強健的雙臂，一顆溫暖的心，和一個能生會養的肚子。他想到底她已經生了多少孩子。很可能已有十五個之多。她曾有過短暫綻放的，或許一年野玫瑰般的美麗，然後她突然像施了肥的果子一樣膨脹起來，變硬，變紅，變粗糙；她整日做的是洗熨，擦洗，洗熨，一開始為兒女，後來為孫兒孫女，一直這樣過了三十年。到現在她還在歌唱。③

說到她時，溫斯頓的語調屈尊俯就，但同時似乎也十分仰慕。但是我們對他的仰慕感到疑惑。他俯視並看到她。看到意味著距離，意味著保持距離。是否溫斯頓——是否喬治．歐威爾——能夠容忍更為密切的接觸呢？正如歐威爾本人說，他來自中上階級的較下層，伊頓公學畢業。他認為工人階級的人們發出一種氣味，「想到就令他作嘔。」不安於享受自己與生俱來的權利，置身於衣物潔淨、茶杯叮鈴作響的世界，歐威爾選擇折磨自己的感官。一天，他換上襤褸的髒衣服，前往萊姆豪斯（Limehouse），❶在那裡他鼓足勇氣，走進一個提供宿夜鋪位房屋的黑暗門廳，招租廣告說那裡為單身男人提供「清潔鋪位」。他後來坦白說，下到那裡就像走進某個可怕的地下所在，「比如說一個滿是老鼠的下水道。」④

是否歐威爾認為，到貧民窟去可以為生活找到答案，就像夏洛克．福爾摩斯認為到鴉片窟可以找到破案的線索？是否甚至可以說歐威爾的所作所為像一個頹廢派唯美主義者，他在奇異的區域尋找極端的感受？⑤顯而易見，歐威爾尋找的美學感受不是他所鄙視的「男同性戀詩人」，而是一種活力論——一種可以將活力注入他貧血生活的鮮活生命，也是一種廣義的抵禦，抵制過分自負的理性在整個社會中任意閹割。

英雄

英雄是指甘冒生命危險，勇敢行動的人。英雄常見嗎？「不常見」是令人信服的回答。因為求生的本能非常強烈，而且群體自身小心保守的立場支持這種本能。這意味著避免任何與眾不同的舉動，避免成為不循規蹈矩之人。在另一方面，如果只是因為個人對鼓掌喝采有一種強烈的需要，「不是那樣罕見」也是令人信服的回答。同樣，社會贊同也起作用，不過對個人具

❶譯註：位於倫敦東部，傳統的工人區。

有不同的影響。當然對真正的英雄不能完全講述明白。他的英雄舉動可能是長期的、綿延不絕的、仔細計畫的，也可能出於直覺和衝動，正如以下例子所示：

一九七五年十月十日的一個夜晚，在伊利諾州富爾頓（Fulton），年方十八歲的布萊德利・萬達米（Bradley T. VanDamme）遭遇了一起嚴重的車禍。在他躺在前座人事不醒時，車的後部冒出火焰。當旁觀的比利・喬伊・麥卡洛（Billie Joe McCullough）走到車旁時，火苗已經竄到前座。麥卡洛用盡全力，顯然冒著生命危險爬進車裡，將萬達米拖出汽車。很快地，汽車爆炸，火焰熊熊。雖然萬達米傷勢嚴重，大面積燒傷，他最終痊癒了。⑥

麥卡洛是個二十二歲的工人。他後來得到卡內基動章（Carnegie Medal），這一動章授予那些在美國和加拿大表現出無私英雄主義傑出行為的人。一九七七年一共頒發了五十六面，其中八面得主已不在人世。得獎資格規定獲獎人必須冒著生命危險，必須與被救人沒有直接親屬關係，所表現的必須不是職業行為。對於諸如警察和救生員，這是他們的職責所在。

麥卡洛毫不猶豫地見義勇為。一個年輕人如何能夠如此輕易地壓制自己與生俱來的求生欲望？這不是迅速的舉手之勞。他必須爬進撞壞的車裡，奮力解救車禍受害者。在任何時候他都可能想到退縮。即使他思及，也沒有付諸行動。不論他在肉體上有什麼樣的弱點，不論放棄的誘惑是多麼強烈，他的精神戰勝了這樣的衝動，這無疑使他成為一個英雄。但是能夠將他稱為一個浪漫的英雄嗎？我認為能夠。所有真正的英雄都是浪漫的。因為他們的行動不符合社會的期望，沒有計較對自己所產生的後果。換言之，他們的行為不是基於常識，基於常識的日常行為不論如何值得讚揚，也不是浪漫的。但是，麥卡洛的行動中缺少浪漫主義的一個要素，即探求的思想。

心甘情願冒千難萬險發現尼羅河源頭的探險家們，甚至那些從事更為唐吉訶德式行為的探險家們，比如力圖發現南極的國王企鵝冬天是如何保護企鵝蛋的，他們做的是探求。因此在我看來，他們是浪漫主義的英雄。與他們不同的還有另外的探險者。雖然他們可能也忍受艱難險阻，他們為了世俗的目的，為了發現金子，建立商貿，或是擴展帝國的權勢。既然眾所公認，十九世紀下半葉是歐洲貪婪掠奪的時代，所以理查・法蘭西斯・柏頓（Richard Francis Burton）、約翰・斯皮克（John Speke）、亨利・莫頓・史坦利（Henry Morton Stanley）和大衛・李文斯頓的名字很難完全不被玷污。當然他們都有人類的缺陷，尤其是他們有虛榮心並且爭強好勝，但是他們沒有參與帝國主義後來的巧取豪奪。在一八五〇年代和六〇年代，這些英國探險家們還能夠保留某種孩子氣的天真和熱情，因此他們的探求似乎還是浪漫主義的。

為什麼要去非洲呢？這裡存在著歷史淵源。非洲是最靠近古希臘人和羅馬人的「黑暗」大陸，古希臘羅馬人對非洲的好奇之心時斷時續地傳給了他們的歐洲後輩。最常提出的問題是「尼羅河的源頭在哪裡？為什麼尼羅河像這樣流淌？」荷馬、希羅多德、亞歷山大大帝（Alexander the Great）、尼祿（Nero），以及日後的地理學家們都想知道答案，但是直到一八七〇年代，人們一無所獲。十九世紀的地理學家將好奇心從尼羅河源頭轉到非洲的一般地形地貌，對地形地貌的描述需要仔細繪圖。在原始條件下，這項任務要求約伯（Job）的耐力和信心。天氣惡劣時約翰・斯皮克徹夜不眠，等待雲中月現，以便計算月球的角度。為了繪製精確的地圖，亨利・莫頓・史坦利置健康和生命於不顧。⑦

當五十三歲的大衛・李文斯頓試圖確定尼羅河的源頭時，他不得不承受如此之多的身體磨難。一八七〇年六月，他進入現在的坦葛尼喀湖（Lake Tanganyika）以東一百五十英里的鄉村地區。在最初跟隨他的三十五名搬運夫中，很多人死了或是棄他而去，最後只有三個還跟著他。他們穿過一個棕櫚密布的山谷，葉柄長而厚的棕櫚樹是如此濃密，所以他們必須沿著大象和水牛踩出的足跡前進。「其結果，他和他的隨從們常常陷進大腿根深的大象腳印中。路途是如此艱辛，以至於著迷的自然學家李文斯頓無法記載很多他第一次見到的鳥類和猴子。」一下起了傾盆大雨。每晚他脫光衣服，在冒煙的火堆旁烤乾。瘧疾先將他擊倒，隨之而來的是嚴重的消化不良。任何粗糙的食物都使他的痔瘡出血。「他殘缺不全的牙齒無法嚼爛青玉米和大象肉，大大加劇了腸胃的工作。其結果是持續不斷的胃灼熱。很多牙齒搖搖欲墜，所以他不得不將它們拔掉。拔牙用『一根牢固的線』……然後『拿一把沉重的手槍猛擊這根線。』」⑧

如果獎賞是解決千年謎團，那麼身體上的磨難是可以忍受的。甚至不需要這樣高的獎項。為了解決遠不是這樣久遠、這樣重大的疑問，能夠激勵具有史詩般英雄主義的遠征。

例如那次艾普斯雷・薛瑞—葛拉德（Apsley Cherry-Garrard）所參與的遠征，日後他形容為世界上險惡征途之最。為什麼要組織這次遠征呢？為了發現孕育胚胎的企鵝蛋如何在極度嚴寒中存活。為了這個科學目的——或許這只是一個藉口？——在一九一一年六月二十二日，當南極處於嚴冬，羅伯特・法爾肯・史考特探險隊（Robert Falcon Scott expedition）的三個隊員離開營地，前往權杖角（Cape Crozier）。起初，似乎並不是那樣寒氣逼人，溫度不過是華氏零下四十七度。薛瑞—葛拉德脫下手套，頃刻之間「十指凍得很疼，數小時之內起了兩三個長達一英寸的大泡。多日不消，疼痛鑽心。」至於可以冷到何等程度，薛瑞—葛拉德如此寫道，在溫暖的帳篷中剛吃過早飯，他走出帳篷，抬頭四望，卻發現自己的頭僵直無法活動了。「在站立或許只有十五秒鐘之後，我的衣服都凍硬了。有四個小時之久我不得不抬著頭行動。自此之後，我們大家都注意在被凍僵之前，彎腰保持行動的位置。」⑨雖然酷寒令人難耐，但是使遠征成為最險惡之旅的卻是伸手不見五指的黑暗。

在我看來，光天化日之下，零下七十度並非不可忍受。這時你可以看到自己的去路，可以看到自己的腳步邁向何處，可以看到自己在柔軟的雪地裡剛踩下的腳窩，順著足跡可以回到自己留下的裝備，不用劃三、四盒火柴以便找到一根乾的就能夠讀指南針。⑩

即使在今天，登山者、極地探險者、深海潛水夫們為了並不具有經濟和科學價值的目的，仍舊甘冒風險，歷盡艱辛。那麼對於英勇冒險來說，昔日和今天有所不同嗎？我認為二者間有區別。現代的探險家們是俗界中人。而維多利亞和愛德華時代的探尋之旅在今天看來，當我們回顧昔日，似乎更為浪漫主義，因為過去的探險點染著中世紀騎士的豪俠之風，信奉基督教關於在受難中贖罪的觀念。對於大衛．李文斯頓和沃爾特．史考特爵士這樣的人來說，達到道德高度同發現尼羅河的源頭和最先到達南極一樣重要。當然，我們現代人喜歡懷疑，我們的習慣是發現卑劣的動機。但是在他人身上只發現虛弱，不見力量，只發現私欲，不見美德是一種現代習慣，這正是我們的時代同他們時代的另一個不同之處。在閱讀薛瑞—葛拉德的書時，我為探險家們對彼此的尊重和關愛所打動。關於比爾．威爾遜（Bill Wilson），薛瑞—葛拉德如此寫道：

我無法如實評價他的價值。如果你認識他，那麼你不能喜歡他：你必須熱愛他。比爾是社會精英。如果有人問我，使他如此不可

> 缺少，如此為人所愛的最重要的特質是什麼，我想我應該回答，是因為他沒有一刻想到自己。⑪

我們可能對一篇訃告熱情奔放，對講述科學探險的嚴肅敘事卻不會這樣。此外，對威爾遜的溢美之詞並不是僅有的例子。這樣的讚美遍布書中各處。威爾遜不是唯一的英雄，其他人幾乎同他並駕齊驅。另一個不同之處是早期探險家們理所當然地認為，人類達到了一個其他動物所不能企及的道德高度。我們現代人卻不太一樣。對世人的貪欲和邪惡感到幻滅，我們很願意在動物身上為行為尋找道德榜樣。薛瑞–葛拉德絕不敢苟同。他會認為我們的看法毫無希望地感情用事。關於南極的阿德利企鵝，他如此評論說：

> 阿德利企鵝的生活是世界上最非基督教的生活之一，也是最成功的生活。想成為真正信徒的企鵝一絲絲機會也沒有。觀察牠們去游泳。五六十隻興奮的企鵝擠在冰的邊緣，從邊上窺視，彼此訴

說水裡是如何舒服，牠們要吃何等豐盛的晚餐。這都是虛張聲勢：牠們實際上憂心忡忡，害怕有個海豹在等著吃掉第一個跳下水的。根據我們的理論，真正的君子企鵝會說，「我來做第一個，如果我被吃掉了，無論如何我無私地為同伴犧牲了自己的生命」；所以一段時間之後，大部分君子就死光了。牠們實際上做的是試著勸說一個比較輕信的同伴跳進水中。在失敗之後，牠們急急忙忙地通過一個徵兵法案，將一隻推上前去。然後——砰的一聲，所有其他的企鵝手忙腳亂地都跳進去了。⑫

那麼瞭解動物對我們意味著什麼呢？如果牠們的目的是生存和物種繁衍，是否生存和繁衍也應該是我們的目的呢？這樣說太不及其餘的了。所以我們對此加以限定，說我們還有其他目的，其中一個是浪漫主義的出類拔萃，是超越生存和安逸生活的願望。但是為了什麼呢？對於英雄，更確切地說，對於身為地理學家兼探險家的英雄們來說，是為了解答地理學之謎；是為了檢驗自己忍耐力的極限；是為了發現是否精神能夠戰勝肉體的弱點；是為了體驗，甚至於冒著生命危險，去體驗某種廣闊而令人陶醉的東西；可能在北極或南極會找到它們，那是最高的山峰，最深的溝底，最密的森林，或是最瘠薄的沙漠。

聖人

如果有人懷疑聖徒可以是浪漫的，那麼我們只需要提到聖方濟（Saint Francis）。❷甚至當他孩子氣地想像自己是身著閃亮盔甲的騎士時，他的想法也是浪漫的。他對母親誇口說，「難道妳不知道我會成為一個偉大的騎士嗎，不知道我要娶一個公主，她會為我生很多孩子嗎？」⑬他母親無疑認為兒子的誇口天真爛漫，但是非常可愛。然而他對騎士的嚮往是性格的一部分，不是隨成長而消失的階段。這在他對女人的態度中仍舊表現出來。當時

❷譯註：天主教聖方濟會的創始人。

對聖母瑪利亞的崇拜處於鼎盛時期，他的態度受此影響。聖方濟認為謙恭有禮是神的品行，所以神創造的生物都與生俱來，也許深藏不露地，具有這種品行。方濟甚至對綿羊鞠躬致意。為了矯正視力缺陷，他需要對臉部實施燒灼療法，他懇求火焰兄弟要有禮貌一些。也許人們認為聖方濟不會要求蛇舉止得體，因為蛇被神所詛咒。不，蛇和其他爬蟲也在他的要求之列。如果想領略聖方濟對禮節的應用到了何等程度，考慮一下十八世紀瑞典科學家卡爾・林奈（Carolus Linnaeus）的態度便可見一斑。也許認為一個從事分類學的學者會避免進行道德評價，總的來說他確實是這樣。可是林奈無法不對爬蟲口出惡言。他說牠們「骯髒，討厭，令人憎惡，因為牠們有冰冷的身體，蒼白的顏色，軟骨的軀幹，污穢的皮膚，兇暴的外表，算計的眼睛，攻擊性氣味，刺耳的聲音，邋遢的居處，和可怕的毒液。」⑭

對於聖方濟來說，尊重一切的態度來之不易——即使是尊重一切人類也不容易。在孩童時代，他追求騎士的高貴理想，長大之後，他變成了一個浮華少年，喜歡華麗的服飾和所有漂亮東西。對醜陋、疾病、殘疾和貧困，他避之唯恐不及。他是個講究挑剔的人。他以自己的活力、魅力和講求時尚為傲，他騎在神氣活現的馬上，沐浴在朋友的豔羨中。但是聖方濟有足夠的自知之明蔑視自己的世俗之態。他認為這種態度的根源是罪過，沒有任何東西比罪過更醜陋，更令人反感。十多歲時，方濟聽到過神的聲音，這聲音提醒他造物之美，這有點無的放矢，因為聖方濟本性愛好美麗之物。但是神的聲音有一天說了不同的話。神督促他尋求精神的高尚。為達到這個目的他將大吃苦頭。

什麼樣的苦頭？這個美麗之物的愛好者以及樂天隨和的少年將要克服自己對乞丐的憎惡，克服對他們的惡臭，對他們齷齪的疾病，對他們骯髒的破衣爛衫下爬動的寄生蟲的憎惡。嚴峻的考驗來臨了，一次在鄉村騎馬，聖方濟碰到一個痲瘋病患者。怎麼辦呢？他沒有轉身走開。相反，他跳下馬，走近滿面瘡疤的痲瘋病人，「拉著他的手，將自己的嘴——這張曾經吹毛求疵的嘴——觸到他潰爛的皮膚。」故事說他感受到一陣巨大的喜悅。⑮

阿西西（Assisi）的聖方濟屬於他的時代。現今親吻痲瘋病人不是對聖人資格的檢驗，這似乎有作秀之嫌。聖方濟也是我們的同代人。今天大自然的愛好者會感到和他息息相通。我可以想像聖方濟擁抱樹木，我也可以想像他搶救錘頭鯊。但是，雖然他同今天的大自然愛好者舉動相同，他的動機不同。聖方濟關心大自然是因為神關心大自然。我們關心大自然是因為我們最終意識到，對於生態學健康，以及長遠看來，對於我們人類的安居樂業來說，生態學多樣性必不可少。因此，今天的大自然愛好者和環境保護主義者是明智的，而不是浪漫的。

聖方濟與我們的另外一個不同之點是，我們熱中於平等和社會公正這類問題，有關這類題目的著作擺滿很多書架。與此相反，方濟對此閉口不談。他親吻痲瘋病患者，來表現對人類平等的信奉，他對綿羊致意，來表達對眾生平等的信奉。對聖方濟來說，一個人在大街上和集市廣場上的所做所說要比在神聖殿堂的自白遠為重要。他和我們之間的這個不同之點源於另一個原則——信仰。現代社會改革家和革命者為改正謬誤，糾正不公而奮鬥，但是他們不太明白為什麼。在身陷逆境時，他們可能捫心自問，「難道我所孜孜以求的只是個人的偏好嗎？是否我只是在追隨自己時代的道德時尚？」聖方濟及其追隨者們沒有這些煩惱。對於他們來說，公正紮根於正義之神的思想。在世界上追求公正是一種探求——甚至是一種唐吉訶德式的探求——令人嚮往卻無法實現。正如神本身也令人嚮往，卻無法觸摸。

現在我來說一個美國的現代聖人——桃樂絲・戴（Dorothy Day, 1897-1980）。她的性格生平與方濟十分不同。這驗證了我的結論，即聖徒們都令人興奮地各不相同，而惡棍們卻乏味地彼此相似。十幾歲時，戴投身於社會主義事業；她對改善窮人的生活充滿熱情，但是窮人卻遠不止是個社會範疇。相反，她設想「這個」女乞丐或是「那個」男流浪漢的生活，奇怪他們為何能如此活著，對她來說，這種生活似乎需要一種她遠遠無法企及的忍耐力。戴不僅聰明，而且雄心勃勃。同紐約知識份子的友誼激勵她認真寫作。逐漸，她成了一個成功的記者和自傳作者。在蒸蒸日上的文學事業之外，她陷入熱烈的戀愛之中。她最終遇到一個名叫法斯特的男人。他們共同生活，互敬互愛，女兒的誕生使他們——尤其是母親——心滿意足。一切似乎都很美滿。但是，戴被某種超出平凡生活的東西所糾纏，這是一種遙遠的，難以捉摸的現實，卻使其他一切有些虛幻不實。她於一九二七年皈依天主教。

對於社會來說，桃樂絲．戴最引人注目的成就是她在一九三三年創辦的報紙《天主教義工》。到一九四〇年代，報紙因為關注如何為當地消費種植食物，加強社區，以及將道德敏感性和嚴肅性注入集體生活這類問題而發揮全國性影響。當然這些有益的工作值得注意，可是在人類心理學意義上更重要的問題是，是否桃樂絲．戴是個極好的好人——一個聖人？對我來說，羅伯特．寇爾斯（Robert Coles）講的關於她的軼事回答了這個問題。在一九五二年，寇爾斯是個醫學院的學生，但是他不想繼續學醫了。換言之，他是個迷失的年輕人。他走進設在曼哈頓的天主教義工施粥棚，心想可以在那裡當義工。他看到桃樂絲．戴。那時戴在知識界和宗教界已經備受尊崇。她正在傾聽一個顯然醉熏熏的中年女人說話。在寇爾斯站立的地方，他可以看到談話無甚進展。但是戴仍然聽著這個女人，直到她發現了寇爾斯。戴對那個女人說是否她可以中斷一下談話。然後轉身面對寇爾斯問道，「你想同我們中哪位談談嗎？」她沒有說「同我」，而是「同我們中哪位」。⑯

聖方濟親吻過一個痲瘋病患者，桃樂絲．戴沒有。但是有一次，應一個喝醉酒的街頭女人的要求，她不太情願地親了這個女人流著口水的嘴。我們現代人對這種表演性舉動表示懷疑。對我們來說，不經意的瞬間舉止所顯示的德行更令人信服。「你想同我們中哪位談談嗎？」正是這類舉止。正是在這種轉瞬即逝而且似乎平淡無奇的場合，桃樂絲．戴表明自己是個真實的聖徒。

但是為什麼稱她為浪漫主義者呢？她很可能對這個標籤拒絕不受。因為浪漫這個詞現在包含一些意思，正派人，更別提聖徒，不願同這些意思發生關係。為什麼呢？其中一個理由是這個詞包含著富有魅力之意：意味著魅力四射——電影明星魅力四射——她們是浪漫的。另一個原因是這個詞所暗含的自命優越之意，自命為身處平民百姓之上。但是聖人們實際上同我們不一樣。他們更充滿活力，因此更生動，更色彩繽紛，而且——是的——魅力十足。我們想要家庭，要高薪工作，要眾人認可，要諸如美滿性交、公園閒步，和就著錄音的小夜曲吃燭光晚餐這類貨真價實的愉悅。作為人，聖人們無疑也喜歡這類事情。但是和我們不同，他們認為這些事情最終不能令人滿足，虛幻不實。桃樂絲·戴無疑這樣想。聖徒們渴望的是不同的東西——某種無形之物，幾乎不可能用圖畫和言語形容之物——但也是最為真實，極端美好之物。達到目的使過程中的一切障礙——諸如苦難甚至死亡——似乎都無足輕重。正是這種對出類拔萃的執意追求使之平靜地漠視世俗之物和社會習俗。正是這一點使聖人們成為典型的浪漫主義者。

尾聲

我在此扼要重述一些主要論點。探求是浪漫傳奇的核心，但是所探求的東西必須物有所值。哪怕付出了沉重的代價，對金錢和名望的追逐不包括在內。求生存的努力也不包括在內。地理學和社會科學致力於求生之術，它們不是浪漫主義的學問。實際上，它們迴避這個提法。那麼在地理學中，可以認為什麼是真正值得尋求之物——等同於耶穌基督最後晚餐時所用的聖杯呢？一類值得的探求是對遙遠的，難以到達之地的探求。到這些地方的探險家們（其中最出類拔萃之輩）令人驚訝地超凡脫俗，他們渴望的不是金錢獎勵，不是公眾的認可，甚至不是自己國家的聲望。當催問他們的理由時，他們給出的是個人原因或科學目的。就個人而言，他們想感受在危險中生存的醉人瞬間。就科學考察而言，他們尋求瞭解大自然的最險惡之地，以為（這證明是錯誤的）這是大自然最大機密的藏匿之處。還有什麼其他東西驅使他們前往嗎？些許玄想？很可能。畢竟當喬治・馬婁里（George Mallory）被問及，他為什麼去攀登埃佛勒斯峰（Mount Everest）❶時，他的回答像是參禪：「因為它存在。」

在十九世紀，地理學家也是探險家。他們在遙遠之地的冒險是引人入勝的地理傳奇。公眾對他們的著作趨之若鶩。到二十世紀中期，讀者的興趣大半已不復存在。探險者們仍舊在困難的環境中甘冒風險，他們仍然為科學之謎尋找答案，但是其工作的光環已被諸如發現煤炭、石油和貴金屬這樣的經濟考慮所遮蔽。在我們這個後宗教和後浪漫主義的時代，幾乎沒有任何目標——甚至於科學目標——不遭到懷疑，懷疑其真正的目的是經濟或政治。一個例外是尖端物理學。物理學家們測量中子運行的速度，宇宙論學者們探討在宇宙大爆炸（Big Bang）之前存在什麼，天文學家在遙遠的天文台，有數星期之久凝視著很久以前已不復存在的星星。這些科學家們並不希望自己的工作提高人民的生活水準，不希望為自己國家的軍事實力做出貢獻，也不希望為大地的綠色帳幔增加活力。那麼為什麼他們堅持不懈，不僅堅持不懈，而且以工作為樂。是否這得之於遺傳基因、父母的鼓勵，和激發思想的教育？沒人確實知道。我們知道的是，想入非非的性情將身體的需要擱置一邊，致力於頭腦的探索，這使他們感到快樂和滿足。

同不切實際的科學家們完全不同，地理學家務實並腳踏實地。他們研究的對象是作為人類居住地的地球。關鍵的概念是家。「家」是個多麼可愛、多麼暖人心房的字眼啊！有誰能對家無動於衷呢，不論這是幢房屋，是個市鎮，還是行星？但是很奇怪，地理學對讀者大眾沒有多大吸引力。我們在超市和機場見不到出售地理學雜誌。當然，《國家地理雜誌》（*National Geographic*）是個例外。它和《科學美國人》（*Scientific American*）一起擺在架子上，但是它們被眾多的時尚和通俗讀物所淹沒。但為什麼是《國家地理雜

❶ 譯註：即珠穆朗瑪峰。

誌》呢？為什麼遠遠超出其他，這本雜誌成為最流行的出版物呢？答案是因為它繼續刊登探險傳奇。當人們對地球的表面已瞭若指掌後，雜誌轉向海洋，然後超越地球本身，報導其他行星，此後面向恆星。

然而，當雜誌的報導變得如此廣泛，它明目張膽地濫用了地理學這個詞中「地理」的含義。《國家地理雜誌》不再是對人類之家「地球」的研究。如果承認這一點，那麼雜誌還應該繼續使用「地理」這個詞嗎？我認為應該。不過我們必須將重點從「地球」轉移到「家」。「家」對人類意味著什麼？如果我們認為自己主要是生物學意義上艱難生存的生物，那麼只有地球是我們的家。但是如果我們將頭腦包括在內，如果我們強調頭腦是人類的本質，那麼，正如法蘭西斯・培根最先指出，我們人類可能需要整個宇宙做我們的運動場，才不會感到患上幽閉恐懼症。

當我們關注從事某種探求的個人時，論證說存在浪漫主義地理學不太困難。但是對於整個社區和一個社會來說，我們能夠論證存在浪漫主義地理學嗎？我們能夠。為了解釋這一點，我需要回到早些時所介紹的兩極化價值觀。與世隔絕的小型社區和複雜的大型社會之間存在重要的區別。在前者中，兩極化的價值觀是一成不變的，而且固定在可知可控的水準。以身體和頭腦這個兩極化價值觀念為例：比如，對胡特爾教派信徒（Hutterites）來說，身體並不是某種不可能的希臘人理想，頭腦也不會使人想到萊布尼茲（Leibniz）的成就。既然如此，在在胡特爾教派公社中，個人不會受到挑戰，去擴展加強自己的能力，超越自己的文化所規定的限度。而在複雜的大型社會中，兩極化價值觀念彼此分離；而且這些概念不是一成不變的，隨著時間的流逝，會獲得附加的含義。有雄心的個人在這類社會中受到挑戰，刺激他們從低處走向高處，他們在應對挑戰時尋求志同道合者的支持。他們建立卓有創見的小團體一起工作，這些小團體是酵母，能夠使全社會發酵，使社會發展到繁複壯觀的新高度。社會崛起的故事論證了「浪漫主義卓越崇高」的標籤。因為除了非個人力量的運作，還有很多著名人物，他們的奮鬥和熱情使故事中充斥著偶發事件，或仁慈或殘忍，或榮耀或卑劣。附加於這場戲劇的是，由於內部弱點和外部威脅的致命合力，社會幾乎無法避免，從頂峰走向衰落。

複雜大型社會（文明）的傑出成就是系統性知識。這些知識當然可能十分枯燥無味。在今天，有越來越多的地理學知識是枯燥的。即使超越對資源和生計的詳盡說明去思考人類的衝突，這樣的著作也很難激動人心。問題存在於作者對人類衝突的思考方法。有些基於當今時髦的學說——馬克思主義、女性主義，或是解構主義——對於讀者大眾來說，似乎有點兒太學術性，過分關注圈內人，過分囿於成見；而另一些是已被新聞媒介廣為報導的當今社會要聞和政治鬥爭，所以對讀者大眾來說，似乎像是舊事重提。

在過去，地理學著作擁有更多的讀者，這不可能是因為過去的地理學家更有天賦；而是因為在那時地理學還不是專業性和學術性領地，還沒有嚴格的法規規定書寫內容和書寫風格，那時地理學還像業餘人士的個人愛好，為求知欲所推動，沒有受到規定的研究程式和方法限制。其結果是，那時的著作更富於文學性、想像力，更面向一般讀者。但是這些著作也有缺陷，它們容易犯事實錯誤，急於綜合概括，而且在潛意識中傾向於抒發非主流道德主義和神學見解。成年業餘人士（這個字拉丁文意為愛好者）的著作有時表現出如此充沛的活力，就像我們在兒童作品中常常見到的那樣無拘無束。這很容易理解，因為每個小孩都是浪漫主義者，都具有大膽的想像力。這種狀態在七、八歲時，當孩子融入社會，遵守發言規則和團體規範時，開始消退。

昔日地理學家和當今地理學家的著作還有另外一個不同之處。以前的著作更願意講述廣闊的地域——地球本身和地球的主要分區。在第二章中，我簡述了這種宏觀地理學可能採用的方法。我將其視為某類浪漫主義地理學，為特定時期和地區的人民舉起一面鏡子，揭示這些人所不自知的熱望和恐懼，勇敢和貪婪。當代地理學也真實反映，但是他們關注的卻是一個很有侷限性的群體，在極端的情形下，關注的僅僅是一個志同道合的團體。雖然這個團體的成員對自己的觀點滿懷信心，並渴望傳播這些觀點，他們使用一種只有圈內人才懂得的詞彙，使傳播大受挫折。正因為這個原因，這類寫作所影響的多是圈內人，而不是圈外人：因此他們為加強內部團結而寫作。

浪漫主義地理學，請允許我再說一遍，關注趨於兩極的價值觀念，關注挑戰性大環境。這樣做的益處是因為只有極端才能揭示人類真正的恐懼和渴望，這是中庸之道的價值觀和較為包容的小環境無法做到的。拿熱帶雨林來說，現在發達國家認為熱帶雨林是豐富的生態系統，是應受到保護的珍貴資源。但是根據過去和今天的行為來判斷，那些為生存或是貪欲所驅使的人們從不認為熱帶雨林是值得保護的珍貴之物，而是視之為需要打敗的對手或是可供使用的資源。這個問題有更深刻的根源。因為無論何時何地，只要人類掌握了可以改變自然的技術，他們勇往直前，從不考慮自己所表達的虔誠之心；確實，人的虔誠之心會成為一種掩飾，一種言不由衷，使人類能夠為良知犯下惡行。如果真是如此，那麼人類歸根結柢同大自然彼此衝突。人類需要改變他們得到的一切。用來實施改變的手段最初僅是話語（即伊甸園），然後是話語加工具（即農莊），當工具變得日益強大有力，工具加上話語最終創造了宏偉的城市。

大都市引人注目地違背自然。城市將幾何形狀強加於繁複的地形地貌，顛倒了自然的循環往復；在冬天，而不是夏天，城市變得生機盎然，城市也將夜變成晝，將黑暗變成光明。至於光明，這不僅意味著燈火輝煌，而且包含智力和精神啟蒙之意。從大自然進步到光采奪目的城市，這個故事是地理學傳奇，人類想像力和道德理想主義使這一進步成為可能，雖然愚昧和貪婪阻礙了進步，但是結局是幸運的，因為城市是最能實現人類潛力的地方。城市，而不是鄉村和大自然，才有這個能力。第一，因為我們憑藉語言而成為充分發展的人類，而各種各樣的言論，不同廣度和深度的言論都更可能在城市社會中發表，而不是在稻草堆裡或是冒泡的小溪旁發表；此外，在一個規劃良好的城市中，我們仍舊可以在公園和屋頂農場中領略到自然。然而，在自然中無法領略城市。在雖有變化，但是根本上千篇一律的廣闊中，自然無法為我們提供一個小型城市所能提供的那種寬慰。

力圖達到過高的目標不僅可能壓力重重，而且可能以失敗告終。所以停留在較低的，或是退回到要求不高的水準也許能感到寬慰。一種較低的水準是理想化年代久遠的昔日農莊，農莊提供令人欣慰的畫面：一個茅草頂的小屋，火塘裡火苗熊熊，剛烤好的麵包香氣四溢，臨睡前給孩子講故事，大人們一邊喝蘋果汁，一邊詼諧地扯著家長里短。關於農村生活的這種陳腔濫調完全沒有提到務農的艱難辛苦，在沒有現代便利的生活中，這是被疏忽的部分。然而，我們很容易明白，為什麼去到寸草不生的冰原的探險者們，或是所有那些為了唐吉訶德式的目標甘冒生命危險的人們，在軟弱的瞬間會對家裡或是農場上的簡單生活變得多愁善感，為這種生活抹上一層浪漫的光采。當壓力不存在時，這種光采其實是虛幻不實的。

那些厭倦了虛無的頭腦和精神的知識精英們，對沉溺在大汗淋漓的身體中的魅力感受到獨特的吸引力。詹姆斯．喬哀思（James Joyce）就是如此。他的《尤利西斯》（*Ulysses*）一書以「是的」一字收尾。但是他解釋說這個字代表女人的生殖器。喬哀思和所有現代主義者們一樣，蔑視浪漫主義，蔑視對高度的渴望，最重要的是，蔑視使「低」昇華到「高」的思想，蔑視自柏拉圖以來所有西方道德主義者所讚譽的思想方法。對老於世故、玩世不恭的現代人來說，原始生物性生活——「低」——是僅存的真正賞心樂事。①

喬哀思和現代主義者們並非毫無道理。希臘人會說，目標定得太高是一種妄自尊大。時常發生的是，太高的目標導致錯誤和對偉大的幻滅，使本人和所屬的社區毀滅殆盡。想一想唯美主義者們對精緻優雅的熱情，這沒有什麼不好，可是這種熱情很容易使他們蔑視口味不太精緻的人。即使些許傲慢是可以接受的，時髦的人應該記住，對精美要求太過意味著對生活充滿恐懼，因為生活本身是雜亂無章的。登山者們提供了另外一個例子。他們的冒險可能出於純真無邪的目的，為了在崇高卓越的美麗中考驗自己的耐力。但是這可能也出於一種自豪的肯定，肯定自己比平民大眾優越，後者居於陽光不及的陰影之下。就群體來說，浪漫主義可以導致極端民族主義，正如希特勒的德國所表明的。納粹理論家們是典型的浪漫主義者，他們一方面渴望由血緣和土地維繫的、有根的社區，而同時也希求無根的、輝煌的白色城市，城中修建了雄偉建築，適於千年帝國中柔軟可塑的雅利安人。希特勒統治下的德國冒險被誇張手法和戲劇性所哄騙——看那火炬照亮的宏大遊行隊伍——所以災難性結局不可避免。整個民族所擁戴的浪漫主義尋求理應受到懷疑。或許個人對神的探求是唯一不會危及個人和他人的狂熱追求。即便如此，也應該注意神並不虛榮，並不欺騙世人。在另一方面，如果一個人習以為常地小心翼翼，如果他或她總是計較利弊，那麼此人會喪失自發性和熱情，會喪失生機勃勃的重要特徵。

浪漫主義地理學並不屬於過去。地球上還有地方——比如說海洋——需要地理學家去探索。在地球之外還有其他行星和恆星。如果地理學家同意，「家」不僅是為了易於安置的人類身體，也是為了深邃遼闊的人類頭腦，那麼行星和恆星也應該成為地理學家探索的對象。在另一方面，如果「家」具有這樣廣泛的含義，那麼或許我們所研究的不是地理學，而是宇宙結構學。實際上，任何從崇拜地球進步到欣賞天空、太陽和星球的文化——所有文明都已經經歷了這樣的轉折——都默認，我們的家不僅是地球，而且也是宇宙；在漫長的人類歷史中，對於人類的絕大多數來說，地理學同時也是宇宙結構學。

最後要說的問題是地理學家和科學家作為個體的靈感。對管理的本質細節備加關注——我所說的「家政學」——會使思想被官僚性框架所困，使學術性地理學系變成搜集和分析社會經濟資料的辦公室，使地理學家變成贊成或是反對當今意識形態的權威人士。務實管理是必要的，但是需要用浪漫主義的、出類拔萃的洞察力加以補充——即華茲華斯所說的「一種昇華的意念，深深地融入某種東西，彷彿正棲居於落日的餘暉」，或是愛因斯坦所說的「天籟之音」（music of spheres）。雖然在現代物理學中，「天籟之音」早已不再時尚，但愛因斯坦暗示說，如果沒有這樣的音樂，如果沒有欣賞這種音樂的耳朵，就無法完成傑出的科學工作。

註釋

序曲

①唐納德．布朗，《等級、歷史和人性：歷史意識的社會起源》（Donald E. Brown, *Hierarchy, History, and Human Nature: The Social Origins of Historical Consciousness* [Tucson: University of Arizona Press, 1988]），19-72頁；段義孚，〈藝術，歷史，及地理中的現實主義和幻想〉（Yi-Fu Tuan, "Realism and Fantasy in Art, History, and Geography"），《美國地理學會年鑒》（*Annals of the Association of American Geographers*），八十卷，第三期（一九九〇年）：435-46頁。

②雅克．巴贊，《古典、浪漫和現代》（Jacques Barzun, *Classic, Romantic, and Moden* [Garden City, NJ: Anchor Books, 1961]）15頁；查理斯．拉莫爾，《浪漫主義的遺產》（Charles E. Larmore, *The Romantic Legacy* [New York: Columbia University Press, 1996]）；尚．皮埃羅，《頹廢的想像，1880-1900》（Jean Pierrot, *The Decadent Imagination* [Chicago: University of Chicago Press, 1981]）。

③阿諾德．湯恩比，《考驗中的文明》（Arnold J. Toynbee, *Civilization on Trial* [New York: Oxford University Press, 1948]）55頁；阿諾德．湯恩比，《歷史研究》（Arnold J. Toynbee, *A Study in History* [New York: Oxford University Press, 1972]），70-72頁。

第一章：兩極化的價值觀念

①奧托・馮・希姆森，《哥德式大教堂：哥德建築的起源以及中世紀關於秩序的概念》（Otto von Simson, *The Gothic Cathedral: Origins of Gothic Architecture and the Medieval Concept of Order* [New York: Pantheon Books, 1962]），3-4頁。

②歐文・帕諾夫斯基，《蘇格住持論聖鄧尼斯修道院教堂及其藝術瑰寶》（Erwin Panofsky，*Abbot Suger on the Abbey Church of St. Denis and Its Art Treasures* [Princeton: Princeton University Press, 1946]）63頁，65頁。

③同上書，132頁

④肯尼斯・格根，〈人類關係中膚色的重要性〉，（Kenneth J. Gergen, "The Significance of Skin Color in Human Relations"），《代達羅斯》（*Daedalus*），一九六七年春，397-99頁。

⑤塞得里克・瓦茨，《論康拉德"黑暗之心"：批判性和文本性討論》（Cedric Watts, *Conrad's "Heart of Darkness": A Critical and Contextual Discussion* [Milan: Mursia International , 1977]，7頁，9-10頁：再版於哈樂德・布魯姆編，《約瑟夫・康拉德的"黑暗之心"和"祕密分享者"》（Harold Bloom, ed., Joseph Conrad's "*Hart of Darkness*" and "*The Secret Sharer*" [New York: Chelsea House, 1996]），56頁。

⑥保羅・惠特利，《四方之極》（Paul Wheatley, *The Pivot of the Four Quarters* [Chicago: Aldine, 1971]）；吉姆斯・多爾蒂，《五角形城市：宗教想像中的城市》（James Dougherty，*The Five-square City: The City in the Religious Imagination* [Notre Dame: University of Notre Dame Press, 1980]）。

⑦小文森特・斯庫利，《大地、神廟和神祇：古希臘宗教建築》（Vincent Scully, Jr., *The Earth, the Temple, and the Gods: Greek Sacred Architecture* [New Haven: Yale University Press, 1962]）。

⑧喬治・歐威爾，《巴黎倫敦落魄記》（George Orwell, *Down and Out in Paris and London* [London: Secker & Warburg, 1951]），21頁。

⑨倫納德・巴坎，《大自然的藝術品》（Leonard Barkan, *Nature's Work of Art* [New Haven: Yale University Press, 1975]），12-13頁。

⑩同上書，132頁。

⑪加斯東・巴舍拉，《空間詩學》（Gaston Bachelard, *La Poètique de l'espace* [Paris: Presse Universitaire de Paris, 1958]），35頁，41頁；喬治・斯坦納，〈有語言的動物〉（George Steiner, "The Language Animal"），《交友》（*Encounter* ），一九六九年八月，17頁。

⑫段義孚，〈前言〉（Yi-Fu Tuan, "Foreword"），見肯尼斯・奧威戈，《景觀、自然和身體政治》（Kenneth Olwig, *Landscape, Nature, and the Body Politic* [Madison: University of Wisconsin Press, 2002]），xii-xiii頁。

⑬漢娜・鄂蘭，《人的條件》（Hannah Arendt, *The Human Condition* [Garden City, NY: Doubleday Anchor, 1959]），155-223頁。

⑭赫克斯特，〈文藝復興時期的貴族教育〉（J. H. Hexter, "The Education of the Aristocracy in the Renaissance"），載於《歷史中的重新評價》（*Reappraisals in History* [Evanston: Northwestern University Press, 1962]）。

⑮約翰·霍伯曼，《達爾文的運動員》（John M. Hoberman, *Darwin's Athletes* [Boston: Houghton Mifflin, 1997]）。

第二章：地球及其自然環境

①亨德里克·威廉·房龍，《地理的故事》（Hendrik Willem van Loon, *Van Loon's Geography*, [New York: Simon & Schuster, 1932]），3頁。

②魯易斯，《丟棄的形象》（C. S. Lewis, *The Discarded Image* [Cambridge: Cambridge University Press，1964]），96-99頁。

③其中最重要的是魯易斯的科幻小說三部曲，《在寂靜的行星之外》（*Out of the Silent Planet* [London: Pan, 1938]），《金星之旅》（*Perelandra* [London: Pan, 1943]），《那種可怕的力量》（*That Hideous Strength* [London: Pan, 1945]）。

④布萊士·巴斯卡，《沉思錄》（*Pensées*），206頁。

⑤《科學》（*Science*）二四八期（一九九〇年六月十五日）：1308頁。

⑥法蘭西斯·培根，《學術之進展》（Francis Bacon, *The Advancement of Learning*），一六〇五年，第一卷，一章，3頁。見沃爾特·胡波爾編，《他們團結一致：C. S. 魯易斯致亞瑟·格里福斯的信函，1914-1963》（*They Stand Together: The Letters of C. S. Lewis to Arthur Greeves, 1914-1963*, ed. Walter Hooper [New York: Macmillan, 1979]），322-23頁。

⑦馬喬里・侯普・尼克爾森，《山之陰暗和山之榮耀》（Marjorie Hope Nicolson, *Mountain Gloom and Mountain Glory* [New York: Norton, 1962]）。

⑧段義孚，《水文週期和神的智慧》（Yi-Fu-Tuan, *The Hydrological Cycle and the Wisdom of God* [Toronto: University of Toronto Press, 1968]）。

⑨胡里奧・卡羅・巴羅加，《女巫之鄉》（Julio Caro Baroja, *The World of Witches*, [Chicago: University of Chicago Press, 1965]），238頁。

⑩薇若妮卡・德拉・朵拉，《想像阿索斯山》（Veronica Della Dora, *Imagining Mount Athos* [Charlottesville: University of Virginia Press, 2011]），113頁。

⑪加文・賴蘭斯・德・比爾，《阿爾卑斯山的早期旅行者》（Gavin Rylands de Beer, *Early Travellers in the Alps* [London: Sidgwick & Jackson, 1930]），89-90頁。

⑫傑瑞米・伯恩斯坦，《登高：登山的發明及其實踐》（Jeremy Bernstein, *Ascent: Of the Invention of Mountain Climbing ad Its Practice* [New York: Radom House, 1965]），49-50頁。

⑬盧迪根・薩弗蘭斯基，《叔本華和哲學的狂野年代》（Rüdiger Safranski, *Schopenhauer and the Wild Years of Philosophy* [Cambridge : Harvard University Press, 1990），39-40頁。

⑭瑞・穆勒導，《雷妮・瑞芬舒丹的精采恐怖生活》（Ray Müller, Director, *The Wonderful, Horrible Life of Leni Riefenstahl* [1993]）。

⑮奧登，《發怒的洪水：有關浪漫主義精神的三篇論文》（W. H. Auden, *The Enchaféd Flood: Three Critical Essays on the Romantic Spirit* [New York: Vintage Books，1967]）；喬治・威爾遜・奈特，《莎

士比亞的暴風雨》（George Wilson Knight, *The Shakespearian Tempest* [Oxford: Oxford University Press, 1932]）。

⑯艾德加・愛倫・坡，〈墜入大漩渦〉（Edgar Allan Poe, "A descent into the Maelstrom"）載《艾德加・愛倫・坡精采故事和詩篇》（*Great Tales and Poems of Edgar Allan Poe* [New York: Simon & Schuster，1997]），233頁。

⑰儒勒・凡爾納，《海底兩萬里》，福瑞斯譯（Jules Verne, Twenty Thousand Leagues under the Sea, transl. H. Frith [London: Dent; Rutland, VT: C.E. Tuttle, 1992]），1頁，215頁，258-60頁。

⑱同上書，49-53頁。

⑲沃爾特・洛德，《冰海沉船》（Walter Lord, *A Night to Remember* [New York: Henry Holt, 1955]），24-25頁，169頁。

⑳吉姆斯・漢米爾頓-派特森，《巨大的深淵：海洋及其入口》（James Hamilton-Paterson, *The Great Deep : The Sea and Its Thresholds* [New York: Random House, 1992]），191頁

㉑科林・滕布爾，〈剛果的姆巴提—卑格米人〉（Colin M. Turnbull, "The Mbuti Pygmies of the Congo"），收入吉姆斯・吉布斯編，《非洲的民族》（James L. Gibbs ed. *Peoples of Africa* [New York: Holt, Rinehart, & Winston, 1965]），308-9頁。

㉒科林・滕布爾，《任性的僕人》（Colin M. Turnbull, *Wayward Servants* [London: Eyre & Spottiswoode, 1965]），19-21頁。

㉓瑪麗・道格拉斯，〈卡塞的勒勒人〉（Mary Douglas, "The Lele of the Kasai"），收入達雷爾・福特

編，《非洲世界：非洲民族的宇宙論思想和社會價值觀研究》（Daryll Forde, ed., *African Worlds: Studies in the Cosmological Ideas and Social Values of African Peoples* [London: Oxford University Press, 1963]），4-7頁。

㉔邁克爾·威廉斯，《地球上的森林砍伐：從史前時代到全球危機》（Michael Williams, *Deforesting the Earth: From Prehistory to Global Crisis* [Chicago: University of Chicago Press, 2003]）。

㉕引自濟慈·湯瑪斯，《人和自然界：現代情感的歷史》（Keith Thomas, *Man and the Natural world: A History of the Modern Sensibility* [New York: Pantheon Books, 1983]），194頁。

㉖布魯諾·貝特爾海姆，《誘惑的運用：童話的含義和重要性》（Bruno Bettelheim, *The Uses of Enchantment: The Meaning and Importance of Fairy Tales* [New York: Alfred A. Knopt, 1976]）66頁。

㉗阿力科斯·肖馬托夫，〈亞馬遜：從人類棚屋的緊急派遣〉（Alex Shoumatoff, “Amazon: Dispatches from the Men’s Hut”），《外界》（*Outside*），一九七三年七月－八月，65-66頁。

㉘哈樂德·艾文斯編，《熱帶地區的人們：殖民地時期選集》（Harold Evans, ed., *Men in the Tropics: A Colonial Anthology* [London: William Hodge, 1949]），28頁。

㉙同上書。

㉚羅伯特·帕蒂森，《粗俗的勝利》（Robert Pattison, *The Triumph of Vulgarity*, [New York: Oxford University Press, 1987]）；希賴爾·施瓦茨，《噪音製造：從沒有建成的通天塔到大霹靂及其之後》（Hillel Schwartz, *Making Noise: From Babel to the Big Bang and Beyond* [Brooklyn, NY: Zone Books, 2011]）。

㉛艾文斯，《熱帶地區的人們》，17-18頁。

㉜羅伯特・坡格・哈瑞森，《森林：文明的陰影》（Robert Pogue Harrison, *Forests: The Shadow of Civilization* [Chicago: University of Chicago Press, 1992]），6 頁。

㉝大衛・霍克斯，《楚辭：南地之音》（David Hawkes，*Ch'u Tz'u: The Songs of the South* [Boston: Beacon Paperback, 1962]），119-20頁。

㉞麗迪・杜邦，〈人類因素〉（Lydie Dupont, "The Human Factor"），《科學》（*Science*），三三五期（二〇一二年三月九日）：1180-81頁。

㉟西蒙・羅梅羅，〈一度隱藏在森林中，地上刻出的形狀證實亞馬遜遺失的世界：學術和環境上的重新評價〉（Simon Romero, "Once Hidden by Forest, Carvings in Land Attest to Amazon's Lost World: A Scholarly and Environmental Reappraisal"），《紐約時代雜誌》（*New York Times*），二〇一二年一月十五日，6頁。

㊱約瑟夫・李文森和佛朗茲・舒曼，《中國：闡釋性歷史》（Joseph R. Levenson and Franz Schurmann, *China: An Interpretive History* [Berkeley: University of California Press, 1969]），113頁。

㊲安德烈・紀德，《剛果之旅》（André Gide, *Travels in the Congo* [New York: Modern Age Books, 1937]），174頁。

㊳同上書，140頁，111-12頁；瑪利亞娜・托格尼克，《原始的熱情：男人、女人和對狂喜的追求》（Marianna Torgovnick, *Primitive Passions: Men, Women, and the Quest for Ecstasy* [New York: Knopf, 1996]），15-17頁。

㊴哈樂德・布魯姆，《約瑟夫・康拉德的"黑暗之心"和"祕密分享者"》，58-59頁；亦見欽努阿・阿契貝，〈非洲形象〉（Chinua Achebe, "An Image of Africa"），《麻省評論》（*Massachusetts Review*），十八卷，第四期（一九七七年冬）：783-85頁。

㊵布魯姆，《約瑟夫・康拉德的"黑暗之心"和"祕密分享者"》，61頁；瓦爾特・翁，〈康拉德黑暗中的真實〉（Walter J. Ong, "Truth in Conrad's Darkness"），《馬賽克》（*Mosaic*）十一卷，一期（一九七七年秋）：152-55頁。

㊶在〈沙漠〉和〈冰〉兩節中，我引用了自己的文章〈沙漠和冰：模糊美學〉（"Desert and Ice: Ambivalent Aesthetics"）收入薩林・科瑪律和伊萬・克斯科爾編，《景觀：大自然的美麗和藝術》（Salim Kemal and Ivan Gaskell, eds., *Landscape, Natural Beauty, and the Arts* [Cambridge: Cambridge University Press, 1993]）139-57頁。

㊷約翰・萊利，〈乾燥氣候：性質和分布〉（John Leighly, "Dry Climates: Their Nature and Distribution"），載於《沙漠研究，國際研討會報告》（*Desert Research, Proceedings International Symposium* [Research Council of Israel, special publication, no. 2, Jerusalem, 1953]）。

㊸詹姆斯・赫頓，〈地球理論〉（James Hutton, "The Theory of Earth"），《愛丁堡皇家協會》（*Royal Society of Edinburgh*），一卷，第二部分（一七八八年）：62頁。

㊹拉爾夫・毛利斯，〈對於洛磯山以東美國大沙漠的看法〉（Ralph C. Morris, "The Notion of a Great American Desert East of the Rockies"），《密西西比流域歷史評論》（*Mississippi Valley Historical Review*），十三期（一九二六年）：190-200頁。

㊺坎普斯頓，《內陸海和浩淼大河：澳大利亞人的探險故事》（J. H. L. Cumpston, *The Inland Sea and the Great River: The Story of Australian Exploration* [Sydney: Angus & Robertson，1964]）。

㊻策納，《拜火教的黎明與曙光》（R. C. Zaehner, *The Dawn and Twilight of Zoroastrianism* [New York: Putnam, 1961]），36-40頁。

㊼喬治・威廉斯，《基督教思想中的荒野和樂園》（George H. Williams, *Wilderness and Paradise in Christian Thought* [New York: Harper & Brothers, 1962]），11-18頁。

㊽辛普森，《從新墨西哥州的聖塔菲到納瓦霍人國家的軍事偵察日記》（J. H. Simpson, *Journal of a Military Reconnaissance form Santa Fé, New Mexico, to the Navajo Country* [Philadelphia: Lippincott, 1852]），32頁。

㊾麥基恩，《埃及的基督教修道生活》（W. H. Mackean, *Christian Monasticism in Egypt* [London: SPCK, 1920]），135-37頁。

㊿約翰・凱西安，《沙漠長老對話錄》（John Cassian, *Conferences,* 9and19），收入愛德格・吉布森譯，《奈西教義和後奈西教義時代的長老們》（Edgar C. S. Gibson, *Nicene and Post-Nicene Fathers* [2nd series; New York, 1984]），十一卷。

51雷蒙德・布萊克尼，《艾克哈特大師：現代譯文》（Raymond B. Blakney, *Meister Eckhart: A Modern Translation* [New York: Harper Torchbooks, 1941]），200-201頁。

52諾曼・道格拉斯，《實驗》（Norman Douglas, *Experiments* [New York: McBride, 1925]），19-20頁。

53理查・特倫奇，《阿拉伯旅行者：歐洲人發現阿拉伯》（Richard Trench, *Arabian Travellers: The*

European Discovery of Arabia [Topsfield , MA: Salem House, 1986]），213頁。

㊹羅貝特・佩恩，《阿拉伯的勞倫斯：勝利凱旋》（Robert Payne, *Lawrence of Arabia: A Triumph* [London: Robert Hale, 1966]），45頁。

㊺勞倫斯，《智慧七柱》（T. E. Lawrence, *Seven Pillars of Wisdom* [Garden City, NY: Doubleday, Doran & Co., 1935]），40頁。

㊻佩恩，《阿拉伯的勞倫斯》，116頁。

㊼傑佛里・邁耶斯，《受傷的靈魂：T. E. 勞倫斯的智慧七柱》（Jeffrey Meyers, *The Wounded Spirit: T. E. Lawrence's Seven Pillars of Wisdom* [New York: St. Martin's Press, 1989]），126頁；恩斯特・塞特爾引自《朋友筆下的勞倫斯》（*T. E. Lawrence, by His Friends*），355頁。

㊽邁克爾・安德雷格，〈阿拉伯的勞倫斯：本人、神話和電影〉（Michael A. Anderegg, "Lawrence of Arabia: The Man, the Myth, the Movie"，收入勞倫斯・格爾茨坦編，《季節性表演：密西根季刊評論讀本》（Laurence Goldstein, ed., *Seasonal Performances: A Michigan Quarterly Review Reader* [Ann Arbor: University of Michigan Press, 1991]），124頁。

㊾段義孚，〈對待環境曖昧不明的態度〉（Yi-Fu Tuan, "Ambiguity in Attitudes toward Environment"），《美國地理學會年鑑》（*Annals of the Association of American Geographers*），六十三卷，四期（一九七三年）：416-17頁。

㊿約翰・萊特，〈開放的極地海洋〉（John K. Wright, "The Open Polar Sea"），《地理學評論》（*Geographical Review*），四十三期（一九五三年）：338-65頁。

㊶法蘭西斯・斯巴佛德，《有一天我可能也會：冰原和英國人的想像》（Francis Spufford, *I May Be Some Time: Ice and the English Imagination* [New York: Stu Martin's Press, 1997]）；喬希・盧米斯，〈北極的卓越崇高〉（Chauncey C. Loomis, "The Arctic Sublime"），收入烏爾里西・卡密魯斯・諾普福馬徹爾和坦尼森編，《大自然和維多利亞時代的想像》（Ulrich Camillus Knoepflmacher and G. B. Tennyson, eds., *Nature and the Victorian Imagination* [Berkeley: University of California Press, 1977]），95-112頁。

㊷愛德華・薛克頓，《探險家南森》（Edward Shackleton, *Nansen the Explorer* [London: Witherby, 1959]）。

㊸麗芙・南森・霍耶，《南森：家庭肖像》（Liv Nansen Hoyer, *Nansen: A Family Portrait* [London: Longmans, 1957]），48-49頁，79頁。

㊹弗里喬夫・南森，《極北之地：記錄佛拉姆號的探險之旅 1893-1896》（Fridtjof Nansen, *Farthest North: Being the Record of a Voyage of Exploration of the Ship "Fram," 1893-1896* [New York: Harper & Brothers, 1897]），第一卷，81頁。

㊺同上書，第二卷，446頁。

㊻弗里喬夫・南森，《首次穿越格陵蘭》（Fridtjof Nansen, *The First Crossing of Greenland* [London: Longman's, 1892]），297頁。

㊼克里斯托佛・羅林，《薛克頓：他的南極筆記》（Christopher Ralling, *Shackleton: His Antarctic Writings* [London: British Broadcasting Corporation, 1983]），29頁。

⑥⑧同上書，79頁。

⑥⑨南森，《極北之地》，第二卷，446-47頁；《首次穿越》，313頁。

⑦⓪南森，《極北之地》，第二卷，41頁。

⑦①同上書，第二卷，440頁。

⑦②理查・E・博多，《孤獨一人》（Richard E. Byrd, *Alone* [First published in 1938; Los Angeles: Tarcher, n.d.]），3-4頁。

⑦③理查・E・博多，《發現》（Richard E. Byrd, *Discovery* [New York: Putnam's, 1935]），167頁。

⑦④博多，《孤獨一人》，178-79頁。

⑦⑤同上書，25頁，73-74頁。

⑦⑥同上書，85頁。

⑦⑦同上書，138-39頁。

插曲：豐饒美滿但卻平淡無奇

①克雷默，《蘇美人》（S. N. Kramer, *The Sumerians* [Chicago: University of Chicago Press, 1963），263頁。

②關於莎士比亞劇中論及的生活之常規，見萊昂內爾・特瑞林，《真誠與真實》（Lionel Triling, *Sincerity and Authenticity* [Cambridge: Harvard University Press, 1972），39頁。

第三章：城市

本章根據我的文章〈城市：它同自然的距離〉（"The City: It Distance from Nature"）一文修改而成。見《地理評論》（*Geographical Review*），六十八卷，第一期（一九七八年）：1-12頁。感謝美國地理學會同意重印此文。

① 艾都阿德．畢沃，《周禮》（Edouard Biot, *Le Tcheou Li* [Paris, 1851]），第二卷，554-55頁。

② 亞瑟．萊特，《隋朝：中國的統一，西元五八一至六一七年》（Arthur F. Wright, *The Sui Dynasty: The Unification of China, A. D. 581-617* [New York: Knopf, 1978），87-88頁；亞瑟．萊特，〈象徵主義與功用：對長安及其他偉大城市的思考〉（Arthur F. Wright, "Symbolism and Function: Reflections on Ch'ang-an and Other Great Cities"），《亞洲研究雜誌》（*Journal of Asian Studies*），二十四卷，第四期（一九六五年）：667-69頁。

③ 薛愛華，《撒馬爾罕的金桃》（Edward H. Schafter, *The Golden Peaches of Samarkand* [Berkeley: University of California Press, 1963]），15頁。

④〈城市〉一節根據我的文章〈城市：它同自然的距離〉（"The City: Its Distance from Nature"），《地理評論》（*Geographical Review*），六十八卷，第一期（一九七八年）：1-12頁；利奧．奧本海姆，《古代美索不達米亞》（Leo Oppenheim, *Ancient Mesopotamia* [Chicago: University of Chicago Press, 1974]），115-16頁。

⑤ 白樂日，《中國文明與官僚政治》（Etienne Balazs, *Chinese Civilization and Bureaucracy* [New Haven: Yale University Press, 1964），68頁；何炳棣〈洛陽，西元四九五至五三四年：對都市地區物質和社

會經濟規劃的研究〉（Ping-ti Ho, "Lo-yang, A. D. 495-534: A Study of Physical and Socio-Economic Planning of a Metropolitan Area"）《哈佛亞洲研究雜誌》（*Harvard Journal of Asiatic Studies*）二六期（一九六六年）：52-101頁；參考資料，69，81。

⑥霍華德．撒爾曼，《中世紀的城市》（Howard Saalman, *Medieval Cities* [New York: Braziller, 1968]），24-25頁，40頁。

⑦達納．卡爾頓．馬羅和喬治．塞勒瑞，《中世紀文明》（Dana Carleton Munro and George C. Sellery, *Medieval Civilization* [New York: Century, 1910]），362-63頁；譯自卡爾．萊普蕾希，《德國歷史》（translated from Karl Lamprecht, *Deutsche Geschichte* [Berlin: R. Gaertners, 1896]），第四卷，211-17頁。

⑧諾曼．布萊特—詹姆斯，《斯圖亞特倫敦的發展》（Norman G. Brett-James, *The Growth of Stuart London* [London: George Allen & Unwin, 1935]），27-28頁；理查．科布，《警察和人民：法國民眾抗議，1789-1820》（Richard Cobb, *The Police and the People: French Popular Protest, 1789-1820* [London: Oxford University Press, 1970]），223頁。

⑨戴奧斯和麥克爾．伍爾夫，〈我們現在的生活方式〉（H. J. Dyos and Michael Wolff,"The Way We Live Now"），載於戴奧斯和麥克爾．伍爾夫編，《維多利亞時代的城市：圖像與現實》（H.J. Dyos and Michael Wolff, eds., *The Victorian City: Images and Realities* [London: Routledge & Kegan Paul, 1971]），第二卷，893-907頁，參考資料 899。

⑩康拉德．吉爾，《伯明罕歷史》（Conrad Gill, *History of Birmingham* [London: Oxford University Press,

1952]），第1卷，123-24頁。

⑪羅伯特・迪肯森，《西歐的城市》（Robert E. Dickinson, *The West European City* [London: Routledge & Kegan Paul, 1961]），259頁。

⑫馬丁・克里格，〈塑膠樹有何不對?〉（Martin H. Krieger, "What's Wrong with Plastic Trees?"，《科學》（*Science*），一七九期（一九七三年）：446-55頁。

⑬邁耶・伯格，〈屋頂園丁使鋼筋混凝土城市上方鮮花盛開〉（Meyer Berger, "Rooftop Gardeners Bring Forth Blossoms High Above a City of Stone and Steel"）《紐約時代雜誌》（*New York Times*），一九五八年四月廿三日；再版於安塞爾姆・斯特勞斯，《美國城市：有關城市意象的資料集》（Anselm L. Strauss, *The American City: A Sourcebook of Urban Imagery* [Chicago: Aldine, 1968]）385-86頁；大衛・歐文，〈綠色曼哈頓〉（David Owen, "Green Manhattan"）《紐約客》（*New Yorker*），二〇〇四年十月十八日，111-23頁。

⑭詹妮弗・考克雷爾—金，《食物和城市：城市農業和新的食物革命》（Jennifer Cockrall-King, *Food and the City: Urban Agriculture and the New Food Revolution* [Amherst, MA: Prometheus, 2012]）。

⑮沃爾夫萊姆・埃伯哈德，《征服者和統治者：中世紀中國的社會力量》（Wolfram Eberhard, *Conquerors and Rulers: Social Forces in Medieval China* [Leiden: E. J. Brill, 1965]），35-36頁。

⑯路易斯・蒙福，《歷史中的城市》（Lewis Mumford, *The City in History* [New York: Harcourt, Brace & World, 1961]），128頁。

⑰魯德維格・福瑞蘭德爾，《早期帝國時代的羅馬生活舉止》（Ludwig Friedländer, *Roman Life and*

Manners under the Early Empire [New York: Barnes & Noble, 1968]），第二卷，193頁。

⑱吉納・布魯克爾，《文藝復興時的佛羅倫斯》（Gene A. Brucker, *Renaissance Florence* [New York: Wiley, 1969]），44頁。

⑲同上書，43頁

⑳哈勒斯・薩頓，〈冬季都市（引言）〉（Horace Sutton, "Cities in Winter [Introduction]"）《週六評論》（*Saturday Review*），一九七七年一月八日，11頁。

㉑理查・艾德爾，〈紐約〉（Richard Eder, "New York"）《週六評論》，一九七七年一月八日，25-28頁。

㉒傑羅姆・卡科皮諾，《古羅馬的日常生活》（Jerome Carcopino, *Daily Life in Ancient Rome* [New Haven: Yale University Press, 1940]），47頁。

㉓福瑞蘭德爾，《早期帝國時代的羅馬生活與舉止》，13頁。

㉔謝和耐，《蒙古人侵略前夕的中國日常生活，1250-1276》（Jacques Gernet, *Daily Life in China on the Eve of the Mongol Invasion, 1250-1276* [London: George Allen & Unwin, 1962]），36頁。

㉕里昂・伯納德，《城市的興起：路易十四時期的巴黎》（Leon Bernard, *The Emerging City: Paris in the Age of Louis XIV* [Durham: Duke University Press, 1970]），161-66頁。

㉖沃爾特・比桑特，《十八世紀的倫敦》（Walter Besant, *London in the Eighteenth Century*, 1903），91-93頁。

㉗威廉・奧迪，《照明社會史》（William T. O'Dea, *The Social History of Lighting* [London: Routledge &

Kegan Paul, 1958]），98頁；吉爾，《伯明罕歷史》，157頁；馬修・拉基什，《人工照明對文明的影響》（Matthew Luckiesh, *Artificial Light: Its Influence upon Civilization* [New York: Century, 1920]），158頁。

㉘奧斯卡・布洛克特，《劇院的歷史》（Oscar G. Brockett, *History of the Theatre* [Boston: Allyn & Bacon，1977]），201頁，297頁。

㉙伊莉莎白・哈德威克，《一己之見 》（Elizabeth Hardwick, *A view of my Own* [New York: Noonday Press, 1962]），150頁。

㉚最近出版的有關照明的書見：羅傑・埃克奇，《日之結束：過去時代的夜晚》（A. Roger Ekirch, *At Day's Close: Night in Times Past* [New York: Norton, 2004]）；克雷格・科斯羅夫斯基，《傍晚的帝國：近代歐洲初期夜晚的歷史》（Craig Koslofsky, *Evening's Empire: A History of the Night in Early Modern Europe* [Cambridge: Cambridge University Press, 2010]）。

㉛卡科皮諾，《古羅馬的日常生活》，39-40頁。

㉜羅莎琳德 ・威廉斯，《地下世界筆記》（Rosalind H. Williams, *Notes on the Underground* [Cambridge: MIT Press, 1990]），82頁。

㉝同上書，98-99頁。

㉞柏拉圖，《對話錄》（*Phaedrus*）230d。

㉟喬治・斯坦納，〈被進攻的城市〉（George Steiner, "The City under Attack"），載於羅伯特・博耶斯和佩吉・博耶斯編，《雜寫讀本》（Robert Boers and Peggy Boyers, eds., *The Salmagundi Reader*

[Bloomington: Indiana University Press, 1983]），3-4頁。

㊱威廉・華茲華斯，〈寫於西敏寺橋上，一八〇二年九月三日〉（William Wordsworth, "Composed upon Westminster Bridge, September 3, 1802"《詩選》（*Selected Poems* [London: Penguin, 1994]），170頁。

㊲艾達・露薏絲・賀克斯苔博，〈建築的危機〉（Ada Louise Huxtable, "The Crisis in Architecture"《紐約書評》（*New York Review of Books*），二十七卷，一期（1980）··29頁。

㊳註釋和評論，《紐約客》，一九八一年七月廿七日，26頁。

㊴歐尼斯特・費斯編，《查理斯・蘭姆書信》（*Letters of Charles Lamb*, ed. Ernest Rhys [London: Everyman's Library, 1909]），第一卷，177-78頁。

㊵安東尼・伯吉斯，《紐約時代雜誌》（Anthony Burgess, *New York Times Magazine*），一九七二年十月廿九日。

㊶格特魯德・梅爾法布，〈貧困的文化〉（Gertrude Himmelfarb, "The Culture of Poverty"），載於戴奧斯和伍爾夫編，《維多利亞時代的城市》，725頁。

㊷引自菲力浦・科林斯，〈狄更斯和倫敦〉（Philip Collins, "Dickens and London"），載於戴奧斯和伍爾夫編，《維多利亞時代的城市》，540頁。

㊸同上書。

㊹亞瑟・柯南道爾，〈空屋探險〉（Arthur Conan Doyle, "The Adventure of the Empty House"），載於《夏洛克・福爾摩斯全集》（*The Complete Sherlock Holmes* [Garden City, NY.: Doubleday, C. 1930），

492頁。

㊺羅伯特・道格拉斯—菲爾赫斯特，〈我們置身於一個新的狄更斯時代嗎？〉（Robert Douglas-Fairhurst, "Are We in a New Dickensian Age?"），《今日牛津》（*Oxford Today*），二十四卷，第二期（2012）：32-34頁。

㊻約翰・彭玻爾，〈煤氣燈和霧〉（John Pemble , "Gaslight and Fog"）《倫敦書評》（*London Review of Books*），三十四卷，二期（二〇一二年一月廿六日）：21-22頁。

㊼柯南道爾，〈海軍條約〉（Doyle, "The Naval Treat"），載於《夏洛克・福爾摩斯全集》，456-57頁；亦見段義孚，〈夏洛克・福爾摩斯的景觀〉（Yi-Fu Tuan, "The Landscapes of Sherlock Holmes"），載於《貝克街雜錄》（*Baker Street Miscellanea*），四十五期（一九八四年春），1-10頁。

第四章：人類

①卡蜜兒・帕格里亞，《有性別的人：從納芙蒂蒂到艾蜜莉・狄金生的藝術和頹廢》（Camille Paglia, *Sexual Personae: Art and Decadence from Nefertiti to Emily Dickinson* [New York: Vintage Books, 1991]），55-57頁。

②同上書，69頁。

③喬治・歐威爾，《一九八四》（George Orwell, *Nineteen Eighty-Four* [first published in 1949; London:

Compact Books, 1993]），228-29頁。

④喬治・歐威爾，《通向維岡碼頭之路》（George Orwell, *The Road to Wigan Pier* [New York: Berkley Edition, 1961]），130頁。

⑤喬治・伍德斯托克，《透明的靈魂：喬治・歐威爾研究》（George Woodstock, *The Crystal Spirit: A Study of George Orwell* [New York: Schocken Books,1984]），110頁。

⑥羅伯特・佛蘭克，《理性的熱情：感情的重要作用》（Robert H. Frank, *Passions within Reason: The Strategic Role of the Emotions* [New York: Norton, 1988]），212頁。

⑦蒂姆・傑爾，《尼羅河的探險者：一次維多利亞偉大冒險的勝利和悲劇》（Tim Jeal, *Explorers of the Nile: The Triumph and Tragedy of a Great Victorian Adventure* [New Haven: Yale University Press, 2011），5頁。

⑧同上書，18-19頁。

⑨艾普斯利・薛瑞―葛拉德，《世上最險惡的旅行》（Apsley Cherry-Garrard, *The Worst Journey in the World* [New York: Carroll & Graf, 1989]），284頁，286頁。

⑩同上書，284-85頁。

⑪同上書，249頁。

⑫同上書，626頁。

⑬克里斯琴・鮑本，《阿西西聖方濟的祕密：冥想錄》（Christian Bobin, *The Secret of Francis of Asisi: A Meditation* [Boston: Shambhala, 1997），31頁。

⑭引自愛德華・阿姆斯壯，《聖方濟：大自然的神祕主義者》（Edward A. Armstrong, *Saint Francis: Nature Mystic* [Berkeley: University of California Press, 1973]），170頁。

⑮朱利恩・格林，《神的愚人：阿西西聖方濟的生活和時代》（Julien Green, *God's Fool: The Life and Times of Francis of Assisi* [San Francisco: Harper & Row, 1985]），74頁。

⑯羅伯特・克爾，《桃樂絲・戴：徹底的獻身》（Robert Coles, *Dorothy Day: A Radical Devotion* [Reading, MA: Addison-Wesley, 1987]），xviii 頁。

尾聲

①瑪莎・努斯鮑姆，〈愛和眼界：愛麗絲・默多克論愛神厄洛斯和個人〉（Martha C. Nussbaum, "Love and Vision: Iris Murdoch on Eros and the Individual"），載於瑪麗亞・安托納奇歐和威廉・施威克編，《愛麗絲・默多克和對人類德行的尋求》（Maria Antonaccio and William Schweiker, eds., *Iris Murdoch and the Search for Human Goodness* [Chicago: University of Chicago Press, 1996]），51-52頁。

內容簡介

一種既大膽想像，卻又基於現實的學問

將「浪漫」和「地理學」相提並論，似乎用詞矛盾，因為現今世界上鮮有人認為地理學是浪漫的。歷史學家湯恩比指出，世界有十幾種到二十種文明，但是只有在西方文明中，發展了一種可被稱之為浪漫主義的、有關世界的思維和感覺方式。

歷史與地理這兩門學問千差萬別，但在學院中兩者卻經常放在一起討論。歷史裡，浪漫傳奇屢見不鮮，然對於是否存在「地理傳奇」此一問題，除了關於地理大發現的故事，大多數人都無以作答。有關「浪漫主義地理學」的想法——一

種既大膽想像，卻又基於現實的學問——似乎自相矛盾。

對於生存來說，地理學很有用處，確實必不可少。每個人都必須知道到哪裡去尋找食物、水、和棲息之地；在現代世界，所有人必須努力，使地球——我們的家——適於居住。但是在今天，很多地理著作中缺少戲劇。地圖、資料、描述和分析比比皆是，卻沒有豪俠之舉，沒有孜孜以求。

然而在不久前，地理學還是浪漫的。英勇的探險家冒險深入無人之境——海洋、山嶽、森林、洞穴、沙漠和極地的冰原——為了無法清晰表達的原因去檢驗自己的忍耐力。為什麼攀登埃佛勒斯峰（Mount Everest）？「因為它在那裡」。

為檢驗地理學的道德性、普遍性、哲學性，以及詩歌般的潛力和含義，段義孚深化了此一領域，因而享譽全球。在《浪漫主義地理學》中，他繼續討論這些廣泛的思想，正是這些思想使他躋身於當代最有影響力的地理學家之列。

在行文精緻的字裡行間，段義孚思索人類的一個傾向，在有些文明中這種傾向比在其他文明中更強烈，即人們力圖擺脫基於常識的中庸之道，信奉諸如光明／黑暗、高／低、混亂／形式、頭腦／身體這類兩極化的價值觀念。如此一來，勇於冒險的人們便皈依一些地理環境，這些環境並不滿足人類生存的需要（甚或於美滿舒適的生活），卻迎合他們性格中熱烈浪漫的渴望。

《浪漫主義地理學》是對人類精神的讚頌，可以使我們升到高處，但是也使我們陷入深淵。

作者簡介

段義孚 Yi-Fu Tuan

享譽國際的人文主義地理學大師，華裔美國學者。於一九三〇年出生於天津，先後在南京、上海、昆明、重慶等城市住過，十一歲時隨全家離開了當時的陪都重慶，去了澳大利亞，在英國牛津大學獲得學士學位，美國加州伯克萊大學獲得博士學位。威斯康辛大學麥迪遜校區地理系萊特—維拉斯（J. K. Wright and Vilas）榮譽退休教授。

在地理學理論、園林建築、文學、宗教等研究領域都做出過舉世矚目的貢獻。他關注人的問題、注重人性、人情、其思想見解發人深省，因而被公認為「擁有超自然靈魂的正義之聲」。

曾獲眾多榮譽，包括美國藝術與科學院院士、英國皇家科學院院士、古根漢基金獎、美國地理學會授與的地理學傑出貢獻獎等，且著作豐富，代表作品包括《逃避主義》（*Escapism*）《恐懼》（*Landscape of Fear*）、《戀地情結：對環境感知、態度與價值》（*Topophilia: A Study of Environmental Perception*）、《經驗透視中的空間與地方》（*Space and Place: The Perspective of Esperience*）、《撕裂的世界與自我：群體生活和個體意識》（*Segmented Worlds and Self: Group Life and Individual Consciousness*）、《人文主義地理學》（*Humanist Geography*）、《道德與想像》（*Morality and Imagination*）、《美好生活》（*The Good Life*）、《人之美德》（*Human Goodness*）和自傳《我是誰？》（*Who Am I?*）等。

譯者簡介

趙世玲

北京大學及北京師範大學學士和碩士，加拿大皇后大學（Queen's University）歷史學博士。曾任教加拿大阿薩巴斯卡（Athabasca University）。現不再教書，從事翻譯為業。曾出版英文著作：*Intellectuals and the Chinese Communist Party: Radical Education during the Rising Age of Communism in China from 1920-1949* (New York: Nova Science Publishers, 2017），以及關於教育、婦女、和勞工問題的文章。中文譯著包括《世界與東亞時間中的明清變遷．上卷：從明到清時間的重塑》（趙世玲譯，趙世瑜校，三聯書店，2009）等數種。

文字校對

馬興國

中興大學社會系畢業；資深編輯。

責任編輯

王怡之

東吳大學中文系畢業；資深編輯。

大拓文化 閱讀卡

姓　名：

地　址：□□□

電　話：(　　)　　　　　　傳 眞：(　　)

E-mail:

您購買的書名：________________

購書書店：________市（縣）____________書店

■您習慣以何種方式購書？

□逛書店 □劃撥郵購 □電話訂購 □傳真訂購 □銷售人員推薦
□團體訂購 □網路訂購 □讀書會 □演講活動 □其他______

■您從何處得知本書消息？

□書店 □報章雜誌 □廣播節目 □電視節目 □銷售人員推薦
□師友介紹 □廣告信函 □書訊 □網路 □其他________

■您的基本資料：

性別：□男 □女　婚姻：□已婚 □未婚　年齡：民國______年次

職業：□製造業 □銷售業 □金融業 □資訊業 □學生
□大眾傳播 □自由業 □服務業 □軍警 □公 □教 □家管
□其他 ________________

教育程度：□高中以下 □專科 □大學 □研究所及以上

建議事項：

愛戀智慧 閱讀大師

廣告回信
北區郵政管理局登記證
北臺字8448號
免貼郵票

立緒文化事業有限公司　收

新北市 2 3 1

新店區中央六街62號一樓

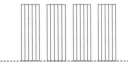

請沿虛線摺下裝訂，謝謝！

立緒文化 閱讀卡

感謝您購買立緒文化的書籍

為提供讀者更好的服務，現在填妥各項資訊，寄回閱讀卡（免貼郵票），或者歡迎上網http://www.facebook.com/ncp231 即可收到最新書訊及不定期優惠訊息。

國家圖書館出版品預行編目(CIP) 資料

浪漫地理學：探尋崇高卓越的景觀/段義孚(Yi-Fu Tuan)著；
趙世玲譯 -- 二版 -- 新北市：立緒文化事業有限公司, 民113.03
240 面；14.8×21 公分. --（新世紀叢書）
譯自：Romantic geography : in search of the sublime landscape

ISBN 978-986-360-223-1（平裝）

1. 地理學 2. 浪漫主義

609.1 113002080

浪漫地理學：探尋崇高卓越的景觀（原書名：浪漫主義地理學）

Romantic Geography : In Search of the Sublime Landscape

出版 —— 立緒文化事業有限公司（於中華民國 84 年元月由郝碧蓮、鍾惠民創辦）
作者 —— 段義孚（Yi-Fu Tuan）
譯者 —— 趙世玲

發行人 —— 郝碧蓮
顧問 —— 鍾惠民

地址 —— 新北市新店區中央六街 62 號 1 樓
電話 —— (02) 2219-2173
傳真 —— (02) 2219-4998
E-mail Address —— service@ncp.com.tw
劃撥帳號 —— 1839142-0 號 立緒文化事業有限公司帳戶
行政院新聞局局版臺業字第 6426 號

總經銷 —— 大和書報圖書股份有限公司
電話 —— (02) 8990-2588
傳真 —— (02) 2290-1658
地址 —— 新北市新莊區五工五路 2 號
排版 —— 菩薩蠻數位文化有限公司
印刷 —— 尖端數位印刷股份有限公司

法律顧問 —— 敦旭法律事務所吳展旭律師

分類號碼 ——609.1
ISBN—— 978-986-360-223-1
出版日期 —— 中華民國 107 年 10 月～ 110 年 8 月初版 一～二刷（1 ～ 2,700）
中華民國 113 年 3 月二版 一刷（1 ～ 800）

定價◎ 350 元（平裝）